KAIST 팀장들이 미래의 리더들에게 들려주는 리더십 이야기

나의 리더십

Contents

리더십 모델 창출의
실험정신에 갈채를

KAIST는 1971년 우리나라 산업화 태동기에 국내 최초의 이공계 연구중심대학원으로 개교한 이래 산업발전에 필요한 고급 과학기술 인재를 양성해 대한민국의 경제발전에 중추적인 역할을 해왔습니다. KAIST는 지난 2017년 2월 제16대 신성철 총장님 취임 후 그동안 쌓아온 혁신성과에 만족하지 않고 개교 60주년을 맞이하는 2031년까지 '글로벌 가치 창출 선도대학'이라는 비전 아래 세계 10위권 선도대학으로 도약하기 위해 전 구성원이 함께 노력하고 있습니다.

우리는 환경 변화에 대한 적응방식에 따라 조직의 성패가 갈리는 시대에 살고 있습니다. 이처럼 불확실한 시대여서 조직마다 리더의 역할과 중요성이 중시되고 있습니다. 각 조직은 리더의 가치관이나 태도에 따라 그 조직의 생사가 달려있기 때문에 리더가 지닌 리더십의 유형과 특성은 매우 중요합니다. 시의적절하게 KAIST 각 행정부서의 현직 팀장들이 현장에서 체험하고 체득한 싱그러운 경험을 바탕으로 자신의 성격, 개성, 그리고 장단점을 녹여내 '나의 리더십'이라는 단행본을 출간한 것은 의미가 큽니다.

좋은 리더란 누구일까요? 무엇보다 구성원이 무엇을 원하는지, 무엇을 기대하는지를 알아야 합니다. 또 구성원의 실제상황과 기대를 잘 이해하려면 수평적이면서 양방향 의사소통이 필수입니다. 그런데 현실은 그렇지 못합니다. 많은 리더가 본인은 소통을 잘하고 있다고 자부하지만 사실 한 방향의 메시지 전달에 머무는 경우가 많습니다. 소통의 핵심은 함께 의미를 공유하는 것입니다. 해서 서로의 동상이몽을 해결할 때 참된 소통에 가까워질 수 있는 것입니다.

이 책은 가감 없는 리더십 실천서입니다. 기존의 이론에 중점을 둔 리더십 서적과는 달리, KAIST에 근무하는 팀장들(적게는 10년, 많게는 20년 이상 팀장 보직 수행)이 느끼고 절감한 이상적인 리더십을 솔직담백하게 풀어내고 있습니다. 컴퍼스 리더십, 농부 리더십 등 자기만의 독특한 방식으로 리더십을 정의하고 이를 체계화함으로써 리더십 이론을 모르는 분들도 본인이 직접 겪은 경험으로도 또 다른 리더십 모델이 될 수 있다는 실험정신을 보여준다는 데 출간의 참뜻이 있다고 여겨집니다.

이러한 관점에서 KAIST 행정부서 현직 팀장들이 현장에서 구성원들과 함께 부대끼며 직접 터득한 리더십은 어떤 이론 지향의 리더십 보다 산뜻하고 소중합니다. 세상의 모든 일이 도전하지 않으면 어느 것도 이룰 수 없습니다. 나름 넘치지 아니하고 더러는 서투르다고 여길 수도 있겠지만

KAIST 행정부서 현직 팀장들이 고독한 밤을 터벅터벅 걸으며 진솔하게 나만의 리더십 철학을 고민하고 성찰해 쌓아 올린 애정과 노력에 기꺼이 박수와 응원을 보냅니다.

책이 나오기까지 많은 분이 수고를 아끼지 않았습니다. 먼저 각 현업부서에서 바쁘신 업무에도 불구하고 시간을 쪼개어 집필진으로 동참해 이론을 세우고 글을 가다듬으신 행정팀장님들과 항상 더 따뜻한 조직문화를 만들기 위해 고민하면서 집필 과정을 총괄적으로 주도해준 방진섭 행정부장님의 수고와 헌신에 깊이 감사드립니다.

이 책이 KAIST의 팀 문화를 이해하고 발전시킬 수 있는 마중물이 되기를 소망합니다. 더 나아가 대학, 기업 등 각 조직에 종사하는 분들이 리더십의 의미를 다시 생각하고 보다 좋은 조직을 이루는 데 도움이 되기를 바랍니다.

KAIST 행정처장 **김 기 한**

미래의 리더들에게 주는 "사랑의 선물"

리더의 역할에 대한 고민에는 정답이 없다. 보이지 않지만 자기만의 답을 찾아가고 있을 뿐이다. 리더십에 대해서는 학창시절부터 직장인이 된 후에도 교육을 받는다. 다양한 리더십 유형을 배우면서 나는 미래에 어떤 리더이고 싶은지 현재는 어떤 리더인가를 생각한다. 누구나 존경받는 리더를 꿈꾸고 무엇인가 뚜렷한 성과를 내는 리더이기를 바란다. 그러나 리더에게는 현실적으로 수많은 도전과 갈등이 기다리고 있다.

리더라면 겉으로 드러내지 않아도 그 역할에 대해 분명히 고민하고 있다. 그리고 우리는 대략적으로나마 리더의 성향을 파악하고 어떤 리더인지를 평가하기도 한다. KAIST는 2018년부터 매월 '팀장 리더십 세미나'를 진행해 왔다. '당신의 리더십은 무엇이요?'라는 질문을 던지고 '나만의 리더십은 이것입니다.'라고 이야기하는 형식이다. 리더십에 대해 많은 교육을 해왔지만, 리더십이란 궁극적으로 교육을 통해 정립되는 것이 아니라, 스스로가 자기만의 답을 찾아가는 것이라는 인식에서 출발했다.

'팀장 리더십 세미나'를 통해 KAIST 팀장들은 자기만의 리더십을 찾고 정립하기 위해 노력하고 있다. 물론 쉽지 않은 일이다. 자기만의 리더십을 생각하지만, 그것을 개념화하고 체계화한다는 것은 감히 엄두조차 내기가 어렵다. 그러나 우리는 불가능할 것 같은 개념화에 도전했고 몇몇 팀장들이

자기만의 리더십을 정립하고 체계화했다. 물론 독자들은 이 책을 읽으며 별것 아니라고 생각할 수도 있다. 어찌 보면 누구라도 생각할 수 있는 내용이라고 치부할 수도 있다. 그러나 그 별것 아닌 것도 대다수에게는 생각만으로 머물러 있었지만, KAIST 팀장들은 생각을 뛰어넘어 자기만의 리더십으로 승화시켰다는데 의미가 있다.

KAIST의 리더십 환경은 일반기업이나 공공기관과는 달리 독특하다. 캠퍼스엔 분야마다 세계적으로 이름을 날리는 교수들이 즐비하다. 학생들도 최고라고 인정받으며 여기까지 올라왔다. 그야말로 최고들의 집합체다. 모두가 최고이니 최고라고 이야기하는 것이 부끄러울 정도다. 당연히 최고여야 하고 최고가 아니면 기죽어 살아가는 곳이 KAIST다. 이런 숨 막히는 환경 속에서 행정을 담당하는 직원들이 존재감을 찾기란 보통 힘든 일이 아니다. 더구나 직원들을 대표하고 이끌어가는 팀장들이 리더십을 발휘하기는 더욱 어렵다.

이 책은 KAIST의 독특한 환경에서도 자기만의 리더십을 정립한 팀장들의 리더십을 이야기하고 있다. 일반적인 리더십 교육이나 시중에 나와 있는 책에서는 볼 수 없는 독특한 리더십이다. 그동안의 경험과 경륜이 자기만의 리더십에 묻어난다. 이렇게 자기만의 독특한 리더십을 정립하기까지 엄청난 고뇌와 노력이 있었다. 애초에는 많은 팀장이 함께 출발했지만, 이 책에서는 고뇌에 고심을 거듭하며 최종 목표지점까지 도달한 '마라토너 팀장들'의 리더십이 완주의 메달처럼 담겨있다. 내용보다도 과정의 가치를 생각하며 읽어보는 것도 좋을 것 같다.

KAIST의 핵심가치는 '도전', '창의', '배려'이다. 이 책도 KAIST 핵심가치에서 발원했다. 팀장들이 모여 리더십을 이야기하며 자기만의 리더십을 개념화하고 체계화해나가는 것, 이 자체가 도전이고 창의이다. 그리고 이러한 시도를 응원하고 배려하는 문화가 지금의 KAIST를 만들어가고 있다. 다른 조직에서는 쉽지 않은 일이다. 자만하지 않고 최고를 지켜온 KAIST이기에 가능한 일이다.

신성철 총장님은 KAIST 행정에 대해 남다른 관심을 보여주신다. 행정발전에 대해서는 거의 무제한으로 지원하고 응원해주신다. 이광형 교학부총장님, 박현욱 연구부총장님, 김보원 기획처장님 등 모든 경영진도 마찬가지이다. 참으로 감사할 따름이다. 그리고 이 책이 순산할 수 있었던 시작의 힘은 '팀장 리더십 세미나'에 참여해 준 팀장들의 관심과 호응 때문이다. 벅차고 짜증이 나고 귀찮은 작업임이 분명한데도, 티 내지 않고 묵묵히 따라와 준 모든 팀장에게 애정과 고마움을 전한다.

KAIST 행정의 미래는 희망이 있다. 뛰어난 인재들이 새롭게 합류하고 지금보다는 후배들의 미래를 고민하는 선배들이 있기에 그렇다. 김기한 행정처장님은 이러한 행정을 지혜롭게 이끌어가고 계신다. 행정의 모든 정책과 의사결정 방향은 앞으로의 행정발전에 도움이 되느냐와 후배들에게 좋은 환경을 만들어 줄 수 있느냐이다. 이를 위해 과거와 현재에 머물지 않고 미래를 이야기하고 준비한다. '나의 리더십'도 미래의 KAIST 후배들에게 주는 메시지이자 선물이다.

이 책에는 송인덕 선생님의 노고가 듬뿍 담겨있다. 팀장들의 초고를 정성 들여 가다듬으며 응원의 피드백을 끊임없이 보내주셨다. 출판사와 긴밀하게 교감하고 협력하며 책의 완성도를 높이기 위해 온 힘을 다하셨다. 응원과 노고에 진심으로 감사를 드린다.

이 책이 수많은 직장인에게 리더십을 함께 생각해보게 하는 인연이자 기회가 되기를 바란다. 거창한 리더십이 아니라 나만의 친근한 리더십을 스스로 생각하고 정립해보도록 권장한다. 그리고 각자의 개성 있는 리더십이 서로 교류되어 공감되기를 소망한다.

KAIST 골방에서 리더십을 생각하며

KAIST 행정부장 **방 진 섭**

KAIST의 리더십 환경

Chapter 1

KAIST의 리더십 환경

방진섭

1. 최고만이 살아남는 정글에서 존재감 찾기

우스갯소리로 '왕년에 공부 못한 사람 없고, 반장 못해 본 사람 없다'는 말이 있지만, KAIST에는 '1등 못해본 사람이 없다'는 말이 팩트(Fact)다. 그야말로 최고 중의 최고들이 모여서 이제는 현재와 미래의 글로벌 최고를 향해 경쟁하고 있다. 모든 분야에서 글로벌 경쟁은 선택이 아니라 필수이자 숙명이기에 세계 최고가 아니면 감히 명함도 내밀기가 쉽지 않다. 각자의 분야에서 내로라하는 사람들이 넘쳐난다. 최고만이 살아남는 치열한 정글에서 때로는 숨이 막힐 것 같다.

매일매일 언론 속에서 KAIST의 뉴스는 빠지는 날이 없다. 연구개발 성과, 새로운 교육방법, 교수와 학생의 인터뷰, 칼럼, 기고, 동문, 기부, 수상 소식 등등. 이제는 세계 속의 KAIST가 되어 위상이 한층 높아지다 보니 세계적인 성과들도 넘쳐난다. 어떤 학과는 이미 세계 10위권에 도달하고, 세계적인 성공사례로 KAIST가 인정받으며 존재감을 발휘한다. 세계 각국과 대학에서 러브콜이 쇄도한다.

"변화는 일상" 앞서 나가지 않으면 낙오

KAIST의 질주에는 거침이 없다. 지금의 성과를 대견하게 생각하면서도 끊임없이 미래에 도전한다. 누가 먼저랄 것도 없이 새로운 변화와 시도는 일상적이다. 가만히 있지를 못한다. 남들보다 무언가 앞서 나가지 않으면 안 될 것 같은 분위기가 지배한다. 그렇게 최고의 가치가 만들어져 간다.

　교수와 학생들이 만들어 온 교육과 연구에서의 최고라는 가치지향과 성과는 고스란히 직원사회와 행정에 엄청난 압박과 부담으로 다가온다. 마땅히 행정도 최고가 되어야 한다는 당위적인 명제를 거부할 수도 회피할 수도 없다. 퇴로가 없으니 받아들일 수밖에 없고, 받아들이는 것이 현명한 선택이기도 하다. 그렇게 행정은 최고만이 살아남는 정글에서 존재감을 찾아가야 한다. 그럼 행정의 존재감을 누가 찾아주는가! 누구도 찾아주지 않는다. 온전히 직원사회 스스로가 최고의 행정을 통해 만들어 가야 한다.

　숨 막힐 것 같은 KAIST라는 정글에서 팀장들의 역할이 중요하다. 팀장은 행정을 책임지고 직원사회를 대표하는 상징성을 가지고 있다. 좋든 싫든 팀장의 자리에 있는 이상 어쩔 수가 없다. 최고의 행정을 위해 솔선수범해야 한다. 팀장들의 솔선수범이 행정과 직원사회에 긍정의 에너지가 되어 각자의 업무영역에서 직원들이 최고가 되게 만든다.

2. 총장이 600명이다

KAIST에는 진담 같은 농담이 있다. 총장이 한 명이 아니고 무려 600명이나 있다는...

이 말은 KAIST에서 리더십을 발휘하기가 얼마나 어려운지를 풍자한다. 오죽하면 대통령 보다 어렵고 고독한 것이 KAIST 총장이라고 할까! 헌법상 독립기관인 국회의원은 소속 정당이 공천권을 행사하니 당 대표와 당의 방침에 따르게 되지만, KAIST 환경에서는 그 구심점을 찾기가 쉽지 않다. 교수들은 본인이 연구비를 끌어와서 연구실을 운영하고 소속 학생들을 책임진다. 학교 지원은 별로 없다. 그러니 교수들의 독립성이 강해질 수밖에 없다. 그들은 학교에서 해주는 게 없는 만큼 학교 지시에 따르지 않아도 특별히 불편하거나 불이익이 없다고 생각한다.

고독한 수장... 정책공감대 모색 골머리

이런 여건 속에 학교가 변화와 혁신 정책을 수립하고 실행해나가기는 여간 어려운 일이 아니다. 학교본부에서 정책을 수립하여 실행하지만, 일선 학과와 교수들은 관심이 없거나 더러 무시하고 공개적으로 반대하기도 한다. 교수 개개인이 본인의 완벽을 믿고 독립적인 기관처럼 자율운영 하다 보니 정책의 공감대 형성과 추진력 확보가 쉽지 않다.

업무 파트너인 정부와 기업 관계자들은 생경하다. KAIST

의 특징을 잘 파악하지 못해 신기하다는 표정으로 보기도 한다. 학교에서 결정하고 지시하면 일선 부서와 교수들이 바로 움직이고 실행해야 하는데 너무 느리기도 하거니와 일이 진행되는 것 같지 않다고 불평한다. 그들의 눈에 KAIST는 기이한 조직이고, 함께 일을 하기에 갑갑한 조직이기도 하다.

KAIST의 이러한 리더십 환경의 불똥은 어디로 튈까. 그곳은 행정을 수행하고 직원들을 관리하는 팀장들이다. 팀장의 고충과 애로사항은 만만치 않다.

600명의 총장을 모시고 일한다는 것만으로도 극한직업이다. 업무수행 과정에서 교수와 소관 직원과의 갈등이 발생할 경우, 이러지도 저러지도 못하는 난감한 상황에 빠지기 일쑤다. 직원으로부터 교수 눈치만 보는 팀장으로 공격받고, 언제 교수 보직자로부터 호출을 받을지 모르기 때문에 좌불안석이다.

생각 차이, 그 벽을 허물 리더십

직원들은 교수와의 반복되는 갈등 속에서 적잖이 피해의식을 느낀다. 직원들은 규정과 절차를 기반으로 업무를 수행하므로 항상 감사(監査)를 의식하게 되고 문제의 소지가 있다고 판단되는 경우 소극적 입장이 된다. 그걸 아는지 모르는지 목적 지향적인 교수들은 단계적인 행정절차가 번잡하고 일의 발목을 잡는다고 생각한다. 기능과 역할에서 오는 인식 차이가 갈등의 원인이 되는 것이다.

뿐만이 아니다. 교수가 대부분의 경영을 맡으니 행정부서와 불협화음이 생기거나 업무처리에 불만이 있는 경우, 바로 동료 교수인 경영진에게 이야기하여 행정부서와 직원들을 압박하기도 한다. 이러한 구조가 행정을 수행하고 직원들을 이끌어야 하는 팀장들에게 지혜롭고 현명한 리더십을 요구한다.

3. 계급의식이 공동체를 가른다

KAIST는 구성인자가 복잡하다. 예컨대 정부가 공무원이라는 하나의 동일체로 구성되고, 기업이 임직원이라는 공동체로 이루어졌다면, KAIST는 임무와 역할이 다른 교수, 직원, 학생이라는 3개의 개성집단으로 구성된다. 교수와 학생들은 특별한 존재라는 의식이 강한 편이다. 공동체 의식을 공유하기가 쉽지 않은 이유다.

암묵적 강요 아닌 스스럼없이 어울리는 토양

교수와 직원 그리고 학생은 임무와 역할 말고도 신분이 다르다는 계급의식이 따라붙는다. 계급의식을 갖게 되면 구성원 사이의 동질감은 멀어지고 사사건건 생각이 어긋나기 쉽다. 게다가 직원을 오로지 교수와 학생을 지원하고 서비스하기 위한 존재로 여기는 자세는 지시하고 요구하면 따라야 하고 해주어야 한다는 인식을 암묵적으로 강요한다.

물과 기름 같은 이러한 환경은 구성원이 공동체로 섞이지

못하는 원인이다. 공식적이든 비공식적이든 행사마다 교수와 직원의 자리가 자연스럽게 갈리고 교수는 교수끼리, 직원은 직원끼리만 어울린다. 설령 함께 자리하더라도 의례적인 인사와 가벼운 이야기만 나눌 뿐 깊이 있는 대화를 나누지 않는다. 이 불통의 벽은 알고 의식하면서도 애써 모른 척하는 단단한 습속이다. 느낌과 어울림을 막는 이 벽은 겉도는 문화의 시원이다.

예를 들어보자. 다양한 정책을 조사·검토하고 수립·집행해야 하는 행정직원에게 권위와 관행은 벅찬 문화다. 교수들은 일방적으로 권위를 거론하면서 행정의 자존감과 정당성은 외면하거나 인정하지 않으려 든다. 사정이 이러니 관습적, 또는 관행적으로 직원들은 게눈처럼 교수들의 눈치를 본다. 학생들은 어떤가. 학교에서 해주는 것이 익숙해져 의무와 책임에 대한 인식이 희박하다. 스스로 점검하고 관리해야 할 영역까지도 학교에서 해줄 것으로 당연시한다. 행정직원들은 이러한 상황이 혼란스럽고 동의하기도 쉽지 않다.

융합 촉매이자 교수-학생-직원의 연결고리

행정의 중추인 팀장은 위로는 교수 보직자의 요구, 아래로는 직원들의 민원에 휘둘린다. 위아래의 입장 차가 당황스럽다. 머리가 아프다. 행정 업무영역을 벗어난 과도한 요구를 경청하다 보면 '어디까지가 행정의 역할일까?' 의문을 던질 때가 많다. 과연 공동체로서 서로를 존중하고 이해하고 배려하는 공감과 소통은 요원한가. 교수와 학생이 요구하면 직원이 당연히 들어 주어야 하는 것이 아니라 정당한 요구는 마땅히 수용해야 한다는 인식으로 바꾸어 나가야 하는 것은 아닐까. 조화로운 관계가 소통이다. 소통에 능해야 건강한 조직이다. 건강한 관계가 세상을 이끌어 간다.

구글은 회사 이메일 목록의 단일 주제 방에 직원들이 글을 올려 대화하는 채널을 열었다. 왕성한 토론은 계속됐다. 특정 내용을 금지하면 큰 회사가 될 수 없다는 공감대를 키웠다. 대화와 토론은 투명성과 다양성을 키웠고 고스란히 조직문화 발전의 견인차가 됐다. KAIST가 본받을만한 사례이다.

팀장은 가교다. 중간 관리자인 그들은 교수와 학생 그리고 직원을 연결하는 링커다. 공동체로서의 목적을 달성해나가도록 지혜를 발휘해야 한다. 구성원이 물과 기름의 겉도는 관계가 아니라 서로 섞이고 융합되도록 촉매제 역할을 해야 한다. 그것이 KAIST 팀장의 숙명이다.

4. 공동체의 변곡점에 와있다

KAIST에도 공동체 실험이 시작되고 있다. 고용안정을 위한 비정규직의 정규직화 정책의 영향으로 많은 직원이 KAIST라는 공동체에 포용되고 있다. 구성원이 함께 더불어 살아가며 조직이라는 공동체를 운영하는 방향에서 공감한다. 그러나 구성원의 다양화가 새로운 갈등을 내재하는 공동체 실험 현장이기도 하다.

직종 다양화 따른 직원갈등 '뜨거운 감자'

비정규직의 정규직화 과정에서 새 직종이 생겨나고, 청소·경비·사감 등이 직접고용으로 전환되는 시기이다. 하나의 부서에 일반직, 전문관리직, 학연지원직, 계약직, 파견직, 용역직, 시간제 등 다양한 직종의 구성원이 일하게 된다. 이들에게 직종에 맞는 적절한 직무를 부여하고 조화로운 업무환경을 조성해야 하는 팀장에게는 여간 어려운 일이 아니다.

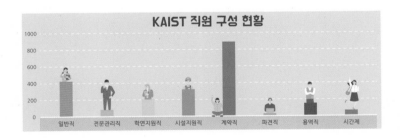

지금까지는 교수와 직원 간에 신분제 의식이 공동체를 위협하는 요소였다면, 이제는 직원 간에도 직무에 따른 직종의

다양화가 신분제로 치환되어 공동체를 위협하는 요소가 된다. 앞으로는 교수와 직원 간의 차별보다 직원과 직원 간의 차별이 더욱 공동체를 힘들게 할 것이다.

발전이냐 답보냐... '윈윈 시스템' 정립 시험대

새로운 노동조합이 생기고, 직종에 따라 이해관계가 달라지면서 직원사회 내부의 갈등이 감지된다. 표면화되는 갈등이 지금보다 상상도 할 수 없을 정도로 심각해질 수도 있다. 공동체의 위기는 결국 조직과 기관의 발전에 커다란 위협요인이다. 따라서 교수와 직원 간의 갈등을 넘어 직원사회 내부의 갈등을 어떻게 관리하고 조정할 것인지가 경영진 리더십의 시험대가 될 것이다.

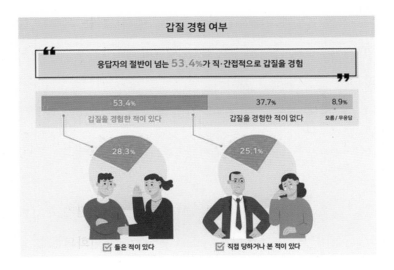

KAIST 교직원 및 대학원생 갑질인식 온라인 설문
<2019년 6월 25일~7월 9일 500명 대상, 응답률 48.4%>

사회생활 속에서 갈등은 불가피하다. 혼자인 자신과의 갈등을 겪는 것과 견주어 보면 공동체의 갈등은 당연하다. 다만, 갈등이 공동체를 무너뜨리지 않고 적정한 수준에서 해소되고 관리되는 것이 긴요하다. 이러한 갈등 관리는 일선 부서에서부터 시작되어야 마땅하다. 팀장들이 인식의 전환과 새로운 리더십을 보여줄 기회이다.

우리가 아는 토정 선생의 따뜻한 리더십은 실천으로 빛났다. 백성을 위해서라면 유학의 가르침에서 벗어나더라도 상황에 어울리는 다양한 방도를 모색했다. 토정은 문제해결의 방법을 조직 안에서 찾았다. 변곡점을 맞은 시대에 우리 팀장들도 그런 자세로 임하면 매사가 풀리리라고 본다.

5. 너무 수평적이어서 어렵다

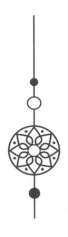

구성원이 다양해지고 새로운 직종들이 생기면서 공동체의 변곡점에 물려있기도 한 KAIST는 발길이 결코, 가볍지 않다. 구성원 간에는 계급의식과 신분의식이 존재하지만, 구성원 내에서는 또 다르다. 과제는 수평적인 조직에서의 행로 찾기다. 직원사회의 조직은 너무 수평적이어서 관리와 운용의 어려움이 가중되는 실정이다.

기업들이 수직적인 조직문화를 혁신하기 위해 직급을 축소하며 단순화하고 있다. 어떤 기업은 아예 직급단계를 없애고 있다. 시대의 흐름이다. 이러한 현상은 구성원의 자유로운 의사소통을 통해 조직에 활력을 부여하고 창의적인 생각으로 새로운 가치를 창출하는 수평 문화를 조성하기 위해서다.

팀원이 선배일 경우 리더십 발휘는

전통적으로 기업은 '사원-대리-과장-차장-부장-이사-상무-전무' 의 형태로 직급구조가 다단계로 이루어져 있다. 직급은 직위나 직책과 동일시되고 이러한 직급의 다단계는 의사결정의 복잡성으로 직결된다. 복잡한 직급체계는 신속한 의사결정을 어렵게 하고 계급적이고 보수적인 조직문화를 만들기도 한다.

KAIST는 다양한 직종이 공동체를 구성하고 있어 어느 조직보다도 구성원이 복잡하게 얽혀있다. 그러면서도 직종 내의 직급체계는 단순하면서 수평적이다. 조직문화를 이해하고 적응하기가 난해하면서도 특이하다.

KAIST 직원들은 직급과 직위가 분리되어 있다. 직급은 '원급-선임급-책임급'으로 단순화되어 있다. 1971년 설립 당시부터 단순 직급체계였으니 미래를 내다보는 조직구조를 설계한 셈이다. 직위는 '담당-팀장'으로 이루어져 있으니 시대의 흐름을 훨씬 앞서가고 있다.

보직은 선임급부터 팀장을 맡을 수 있다. 직급과 직위가 분리되어 있으니 보직을 맡지 못한 선임급과 책임급 직원은 실무담당자가 된다. 이 경우 직급체계와 연공서열로 보면, 직급과 연공서열이 높은 선배직원이 자신의 팀원이다. 팀장으로서 부서를 이끌어가며 리더십을 발휘하기가 난감할 수 있는 배경이다.

직급 직위 불일치... 권위 일변도면 운영 깨져

이러한 직급과 직위체계는 필연적으로 수평적 조직문화를 가져온다. 개개인의 동기부여 측면에서 적합한 제도인지에 대해서는 논쟁이 있을 수 있지만, 팀장으로서는 자신보다 연배가 높은 직원을 의식하지 않을 수 없다. 따라서 권위적이고 지시적인 리더십으로는 부서를 제대로 꾸려나갈 수 없다.

직급과 직위가 분리 운영되고, 팀장 보직이 한정되어 직급과 직위의 불일치와 역전현상은 심화 되고 있다. 시대적인 수평적 조직문화의 추구는 이미 수평적인 문화에 앞서가 있던 KAIST 행정에게 수평적인 조직문화를 넘어 역(逆) 수직적인 현상으로까지 다가오고 있다. 이는 곧 팀장들에게 리더십에 대한 성찰과 고민을 요구하는 이유이기도 하다.

6. 공공성과 자율성의 경계에서

KAIST는 국립입니까? 사립입니까? 많이 받아 본 질문이다. 이 질문에 KAIST 구성원조차 KAIST의 정체성에 대해 모호하고 혼란스럽다. 누군가는 국가에서 설립했고 정부로부터 예산을 지원받으니 국립이라고 생각한다. 또 다른 누군가는 사학연금에 가입하고 있고 한국과학기술원법에 법인의 운영에 관한 사항은 민법을 준용토록 하고 있으니 사립이 아니냐고 반문한다. 뭘 아는 듯 어떤 사람은 KAIST는 특별법에 근거하여 설립 운영되고 있으니 국립도 아니고 사립도 아닌 특별한 대학이라고 말한다.

그 학교 국립입니까, 사립입니까?

KAIST의 성격 규정이 그리 중요하냐고 말할 수 있다. 그러나 성격에 따라 지향가치가 달라질 수 있으니 중차대한 문제다. 정부는 무엇보다 공익과 공공성의 가치를 최우선으로 삼는다. 기업은 사적(私的) 자치의 원칙에 따라 사익과 자율성을 추구한다. 대학도 국립이냐 사립이냐에 따라 대학 운영의 철학과 가치, 기준이 달라진다. 물론 교육이 지니는 공공성 측면에서 사립대학이라고 사적 자치를 온전히 보장하지는 않는다.

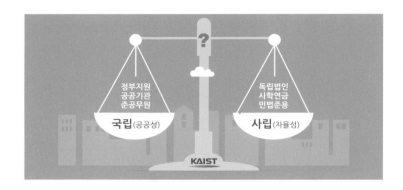

KAIST는 국립과 사립의 경계에 있다. 국가가 설립했으면서도 운영은 이사회를 통한 사적 자치를 부여받았다. 다르게 해석하면 재원은 국가가 안정적으로 책임질 테니 자율적인 운영을 통해 발전을 도모하라는 의미이다. 1971년 설립 이후 일정 기간은 이러한 정신과 철학이 잘 존중되고 유지되면서 사적 자치를 보장했다. 그러나 1990년대 이후 사적 자치의 원칙은 훼손되기 시작했고 정부의 통제와 관리가 서서히 강화되면서 지금은 국립이라는 인식이 KAIST의 성격을 규정한다.

이러한 흐름은 KAIST 구성원의 가치철학과 업무수행에 영향을 미친다. 자율성을 바탕으로 독창적이면서 차별화된 정책과 제도로 'KAIST답다'라는 박수와 응원을 받아 왔고 존재가치를 국가사회로부터 인정받으며 지원받아 왔다.

무엇이 국가를 위해 절실할까

그럼 현재는 어떻고 미래는 어떨까? 지나온 흐름으로 판단하면 앞으로 KAIST의 독창성과 자율성은 더욱 위축될 것이다. 정부와 국회가 특별한 존재로서의 KAIST 가치를 국가 차원에서 존중한다는 것은 말 잔치일 뿐이다. 지역에 밀착한 정치적인 이해관계와 움직임도 끼어들었다. 지역 이해가 앞서니 중장기적인 정책보다는 현재 이익이 우선이다. 그 지역 입장에서는 KAIST보다 GIST, DGIST, UNIST가 중요하다.

이러한 현상은 KAIST를 더욱 외로운 존재로 만들었다. 국가적으로 외롭고 지역적으로도 외롭다. 그동안의 명분은 언어 유희적 수사일 뿐이다. 실질적인 지원 측면에서 챙기고 도와주는 세력도 약하다. 사적 자치를 보장하며 자율성의 가치를 통해 세계적인 대학으로 성장 발전해 왔지만, 꾸준히 앞으로 달리기에는 상황이 녹록하지 않다.

국립의 성격을 강화하고 강요하다 보니 구성원들이 위축된다. 과거에 목적 지향적인 가치가 추구되었다면, 이제는 절차 지향적인 가치에 매몰된다. 최고라는 지향가치는 어느새 사라지고 규정과 절차가 절대적으로 강요된다. 교육과 연구 현장에서는 문제가 없는지만 살피게 된다. 새로운 것을 시도하고 선도해나가는 것이 두렵다.

초심으로 돌아가야 한다. KAIST 설립 당시의 목적과 목표를 생각하며 국립과 사립의 장점을 결합하고 조화로운 지혜를 발휘해야 한다. 이를 위해서는 경영진뿐만 아니라 행정을 담당하는 직원들의 인식이 바뀌어야 한다. 정부의 관리와 통제를 어쩔 수 없고, 당연한 것으로 받아들이는 것이 아니라 무엇이 국가사회를 위해 필요한지를 고심해야 한다.

중간 관리자인 팀장들 몫이 크다. 팀장들이 해법을 찾아내야 한다. 내부적으로 교육과 연구의 자율성과 독창성을 최대한 보장하면서 외부적으로는 정부의 관리와 통제가 과도하지 않도록 조율해야 한다. 공공성의 가치인 공익과 사적 자치를 보장하는 자율성을 기반으로 하는 사익이 적절하게 조화되어 조직이 발전하도록 팀장들의 지휘자 리더십이 필요하다.

7. 문제는 알고 해결방안은 모른다?

문제없는 조직 없고, 갈등이 없는 대학도 없다. 어느 조직이나 문제는 있게 마련이다. 그 문제를 해결하기 위해 치열하게 분석하고 다양한 노력을 기울인다. 대학에서 행정과 직원사회의 문제는 무엇일까? 헤아릴 수 없이 많은 그 문제의 정답은 있는가?

KAIST 행정과 직원사회도 어려움과 문제를 안고 있다. 자체적으로 해결하기가 쉽지 않다. 외부적이고 구조적인 요인들에 의한 것도 있고, 스스로 해결방안을 찾아내야 하는 것도 있다. 그러나 진짜 문제는 문제를 제기할 뿐, 정작 문제해결을 위한 진정한 고민은 별로 하지 않는다는 사실이다. 누구나 문제에는 공감하면서 해결에 대한 고민은 언제나 '나'가 아닌 '너'가 해야 한다는 발상 말이다.

리더십 아랑곳하지 않고 갈등 키우던 문제 직원

팀장들의 고민 중 하나는 업무능력과 관계 형성 등에 어려움이 있는 직원, 소위 문제 직원을 어떻게 할까 하는 것이다.

9명의 팀원이 아무리 업무능력이 탁월하고 상호 관계가 원만해도 1명의 문제 직원이 있다면 방법이 막막하다. 팀의 분위기는 엉망이 되어가고 업무가 편중되기 시작하면서 불만이 생기고 상호 갈등은 커지며 리더십이 흔들린다.

그 동료를 다른 부서로 보내라고 팀장에게 압력을 가하고 팀장은 어쩔 수 없이 인사부서에 전보를 요청한다. 인사부서는 이리저리 따져 보지만 출구가 마땅치 않다. 어려움을 알면서 모른 척하기도 쉽지 않다. 전보를 위해 다른 팀장에게 읍소하고 사정한다. 그러나 어느 팀장도 피하기만 할 뿐, 진지하게 거들어주지 않는다. 팀장도 힘들고 인사부서도 힘들다.

많은 팀장과 직원들이 문제 직원을 익히 알고 있다. 공석이나 사석에서 어려움을 토로한다. 하나의 부서에 국한된 문제라면 다행이지만, 이런 직원이 늘고 있으니 골치다. 직원 사회라는 공동체 운영을 위해 해결해나가야 하지만, 묘수가 마땅치 않다. 나 몰라라 하면서 손을 놓고 있을 수도 없다.

진심으로 소통하고 품고 또 품어라

함께 해결방안을 찾아가야 한다. 왜 문제가 발생했고 발생하고 있는지 공동대처해야 한다. 동료인 우리는 무엇을 했고 무엇을 할 수 있는지 묻고 성찰해야 한다. 누군가를 비난하고 무시하고 외면하고 낙인찍는 것에서 벗어나 함께 격려하고 인정하고 포용하고 배려하는 자세로 소통해야 한다. 관계가 세상을 지배한다고 했다. 조화로운 관계유지가 소통이다.

소통이 건강한 KAIST는 불가능한가. 소위 폭탄을 돌리면서 문제를 회피하는 것이 아니라 진정으로 들어주고 이해하고 감싸 안아주면서 공동체의 역량을 키워가야 한다. '나는 문제를 제기하고 답은 당신이 찾아라' 하는 자세와 문화가 아니라 문제에 공감하면서 함께 답을 찾아가는 공동체가 되어야 한다. 그리고 이러한 직원사회를 위해 팀장들부터 나서야 한다.

8. 결국은 팀장이 바뀌어야 한다

KAIST에서 팀장은 중간 관리자다. 직원사회에서는 팀장만이 유일하게 받을 수 있는 직위이고 보직이다. 안타깝지만 엄연한 현실이다. 팀장은 처장→부총장→총장의 교수 보직자와 경영진을 보좌하고, 일반직·전문관리직·학연지원직·계약직·용역직 등 다양한 직원들로 꾸려진 팀을 운영해야 한다. 흡사 위와 아래로부터 끼어있는 샌드위치 신세다.

그렇다고 샌드위치 신세타령만 할 것인가! 다른 관점에서 보면, 팀장의 역할이 그만큼 중요한 위치임을 반증하는 것이기도 하다. 조직체계에서는 교수 보직자와 담당 직원을 연결하는 소중한 연결고리이자 매개체이다. 직원사회에서는 행정의 임무와 역할에 대한 본보기가 되는 구심체이기도 하다. 팀장의 역할에 따라 상하 간에 상당한 영향력이 발생한다.

우리는 더 이상 샌드위치가 아니다

직원 조직문화에서 팀장은 절대적인 영향을 미친다. 팀장 리더십에 따라 팀의 역량과 분위기가 달라진다. 신입직원 역량의 경우 어느 부서에서 업무를 배웠는지보다 어느 팀장 밑에서 일을 배웠는지가 영향력이 크다고 말한다. 수평적인 조직문화라고는 하지만, 팀장이 직원사회에 미치는 영향을 간과할 수 없다는 뜻이다.

그래서 팀장의 성찰과 자성, 그리고 자각이 필요하다. 무의식적으로 내뱉는 팀장의 자조적인 푸념 한 마디가, 의도하지 않았지만, 일반 직원들의 자존감에 상처를 줄 수 있다. 이렇듯 팀장직은 만만한 자리가 아니다. 그냥 연공서열에 의해 주어진 자리가 아니다. 설령 그렇다고 하더라도 융합의 시대에는 그 인식을 바꾸어야 한다. 직원을 탓할 것이 아니라 자신을 나무랄 점이 무엇인지를 찾아야 한다. 관행으로 넘길 것이 아니라 진정으로 변화를 도모해야 한다.

팀장은 직원사회에 무한책임을 져야 한다. 역량을 떠나, 그 자체만으로 직원사회를 대표하고 상징하는 존재다. 그의 불만은 전체 직원이 불평하는 것으로 들리고, 팀장이 무능력하면 전체 직원이 무능한 직원으로 보일 수 있다. 하나하나의 언행에 신중하고 직원을 대표한다는 사명감과 책무의식을 가져야 하는 배경이다. 조직문화에 무관심하고 냉소적이거나 행정발전에 의지가 없는 팀장은 일반 직원으로서의 존재가치 외에는 겉도는 무(無) 책임자이기 쉽다.

탐구 변화하려는 팀원에게 목청껏 응원가를

팀장은 끊임없이 탐구하고 도전해야 한다. 직원사회의 리더로서 과거보다는 현재, 현재보다는 미래의 주역이어야 한다. 현실에 안주하려거든 떠나라. 설령 자신이 미치지 못하더라도 최소한 직원사회가 탐구하고 도전하는 것을 비난하거나, 냉소적으로 힐난하지는 말아야 옳다. 개척하고 일하는 직원사회에 격려와 박수를 보내야 한다. 그것은 팀장으로서 직원사회를 사랑하고 행정발전을 생각하는 방식이어야 한다.

팀장이 긍정적이면 팀이 변화하고, 팀의 변화는 자연스레 상위조직의 변화를 이끌며, 궁극적으로 KAIST 전체의 변화를 꾀하는 리더가 된다. 팀장의 개혁은 전체 조직이 바뀌는 원동력이 다. 팀장 한명 한명의 노력이 거대한 변화의 물결이 되고 결국 행정과 직원사회에 긍정의 파고를 만들 것이다.

컴퍼스 리더십

노닥거려라, 팀장부터 망가져라

이 동 형 | 꽃보다 중년의 길목에 서다

기획처에서 약 20년을 근무했던 바쁜 와중에도 나름대로 살아남는 법을 터득했다. 분재, 낚시, 캠핑, 스키, 라이딩 그리고 요즘엔 버스킹에 취미를 붙이고 있다. 근근한 화려함인지 화려한 근근함인지 암튼 그렇게 살아가고 있다. 아마도 지금의 '워라밸'을 실천하려 별 짓거리를 다 하는 듯하다. 이럭저럭 사브작~ 사브작~ 찬란한 중년의 길로 들어설 즘에 귀인을 만나도 시원치 않을 판에 '악덕 꼰대'를 만났다. 그것도 한 번도 아닌 여러 번을 말이다. 뜬금없이 뭔 책 출판이란 말인가? 잘 익어가던 내 인생이 최대위기다. 꽃 중년의 길이 주춤거리고 휘청거린다. 그래도 꿋꿋하게 가련다. 빼앗긴 들에도 봄은 오지 않았던가.

mobile@kaist.ac.kr

Chapter 2

컴퍼스 리더십

일관된 '기준'을 가지고 '함께' '배려'하며 멋진 그림을 그려가는 것이 컴퍼스 리더십의
핵심이다. 문득 초등시절 컴퍼스를 강제소환한 이유 역시 공정과 신뢰, 그리고 배려다.
팀장과 팀원이 머리를 맞대고 '함께' 고민할 때 비로소 서로가 쉽게 동질감을 느끼고 공
감대를 형성할 수 있다. 또 송곳이 꽂혀 있듯 절대 움직이지 않는 명확한 '기준'을 공유하
기에 그만큼 신뢰가 쌓이게 된다.

이 책을 읽을 연령대의 독자들이라면 아마도 경험했을 것이다. 초등학교 시절의 문구 중 하나인 컴퍼스 말이다. 컴퍼스에 연필을 끼워 크고 작은 원을 그리기도 하고, 때로는 컴퍼스만 가지고 도화지 가득 그림을 그리기도 했었다. 컴퍼스의 '첫 경험'은 여간 당황스러운 것이 아니었다. 쉽게 동그라미를 그릴 수 있으리라 얕잡아보고 컴퍼스를 돌리다 보면 옆으로 기울어져 넘어지거나, 힘을 무리하게 주면 컴퍼스 침이 종이를 뚫어버려 낭패를 보기 일쑤였다. 그도 잠시, 점차 익숙해지면 내가 원하는 크기의 원을 자연스럽게 그릴 수 있었다. 왜 갑자기 컴퍼스냐고? 그러게 말이다. 추억 속 컴퍼스를 강제 소환한 까닭이 있다. 나의 리더십 이야기를 하기 위해서다. (나중에 문제가 될 여지가 충분하고도 다분하니) 내가 알고 있는 분들의 리더십을 이야기하고 내 경험과 생각을 곁들이는 형식으로, 이 글을 쓴다. 사실을 중심으로...

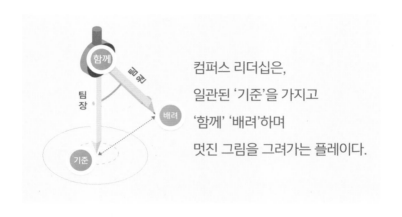

컴퍼스 리더십은,
일관된 '기준'을 가지고
'함께' '배려'하며
멋진 그림을 그려가는 플레이다.

컴퍼스는 한자의 사람 인(人)자와 비슷하게 생겼다. 사람 인자는 사람이 손을 들고 서 있는 모습을 옆에서 보고 형상화한 글자이다. 이 글자를 두고 사람이 서로 기대어 의지하며 살아가는 모습을 나타낸 것이라고 의미를 부여하기도 한다. 컴퍼스도 마찬가지다. 두 다리가 사람 인(人)자와 같이 서로 의지하고 있다. 두 다리의 위쪽은 서로 맞대어 있으나 아래쪽 두 다리는 각기 떨어져 있다. 아래쪽 다리 하나는 바닥에 중심을 틀고, 적절히 벌려져 있는 또 다른 다리와 기대어 있다.

꽂힌 송곳처럼 움직이지 않는 기준이 믿음

이 제도용 도구인 컴퍼스를 리더십이라는 우산 속으로 넣어보니 또 다른 해석도 가능하겠다. 사람 인(人)자에 의미를 부여하는 것처럼 말이다. 그림처럼, 팀장과 팀원이 함께 머리를 맞대고 '함께' 하기에 서로 간에 쉽게 동질감을 느끼고 공감대를 형성할 수가 있다. 또한, 송곳이 꽂혀 있듯 절대 움직이지 않는 명확한 '기준'을 공유하기에 서로 신뢰가 쌓이게 된다. 마지막으로 두 다리의 간격을 적절히 조정하여 원의 크기를 달리하듯이, 팀원 개개인에게 역량과 적성에 맞는 업무를 배정하여 따뜻한 공감을 끌어낼 수 있다. 이것이 '배려'

다. 팀장과 팀원 관계는 생각처럼 그리 쉽지 않다. 나 자신이 싫을 때도 있는데, 하물며 나 아닌 다른 사람이 그저 좋을 리가 있겠는가. 팀장과 팀원 각자가 처한 상황, 가치 기준, 기대 수준, 직장에 대한 가치관 등이 다르기 때문이다. 팀장과 팀원 간에는 수직 관계 그리고 팀원 상호 간에 수평과 수직 관계가 존재한다.

그뿐인가. 인간관계와 조직문화에 이르기까지 민감한 요소가 풀리지 않는 실타래처럼 얽혀있다. 업무수행을 위해 넘어야 할 허들이다. 자칫 허들을 하나라도 넘어뜨린다면 팀에 이상기류가 감지되고 이는 곧 직장 내 호사가들의 먹잇감으로 입방아에 오를 수 있다.

성과를 만드는 그 이름은 팀워크

기관이 성장·발전하기 위해서는 체계화되고 조직화한 시스템이 필요하다. 비전을 향한 일관된 정책 결정과 이를 전사적으로 추진하기 위한 일선 단위 부서들의 노력이 필요하다. 하나의 건물을 성공적으로 세우기 위해서는 기능과 목적에 맞는 설계도가 필요하며, 그러고 나서 그 설계도에 맞는 건물을 짓기 위한 분야별 공사가 진행된다.

전자가 정책 결정을 하는 최고 의사결정자의 몫이라 한다면, 후자는 조직의 일선에서 단위업무를 수행하는 수많은 팀이 될 것이다. '치열한 경쟁에서 살아남으려면, 개개인의 능력을 합친 것보다 더 큰 힘을 발휘하는 팀의 개념에 주의를 기울여야 한다.'라고 로버트 라이시(Robert B. Reich)[1] 교수는 이야기한다. 이 말을 꺼내지 않더라도 모두가 팀의 중요성을 인지하고 있을 것이다.

팀의 성과는 팀장의 리더십에서 나오는 것이 아니라, 함께 하는 팀워크에서 나온다는 말이다. 팀장은 팀장으로서, 팀원은 팀원으로서 역할을 다할 때 팀워크가 발휘된다. 나는 여기에서 팀장의 역할 즉, 리더십에 대해서만 이야기를 하고자 한다. 내가 생각하는 팀장의 리더십이란, 일관된 기준을 가

---

1   미국과 세계가 존경하는 대표적인 정치경제 지도자이자 사회 사상가. '비판적 지성'으로 명성이 높다. 하버드대학 정치경제학 교수, 브랜다이스대학(Brandeis University)과 동대학 헬러대학원(Heller Graduate School)의 사회경제정책학 교수를 거쳐 현재 UC버클리대학 공공정책 대학원 교수로 재직하고 있다. <해외저자사전>

지고 함께 배려하며 멋진 그림을 그려나가는 것이다. 이를

'컴퍼스 리더십'이라 부르고자 한다.

1. 눈곱만큼도 기준에서 벗어나지 마라

"야, 기준이 움직이면 어떡해", "네가 움직이니깐 다른 친구들이 우왕좌왕하잖아" 학창시절에 조회나 체육 시간만 되면 어김없이 목청을 높이며 학생들을 줄 세우던 선생님이 있다. 그 선생님의 기준이 바로 조직의 흥망을 가늠하는 리더의 바로미터(barometer)다.

세상의 모든 것이 변해도 변하지 않는 것이 있다. '세상의 모든 것은 변한다.'라는 사실이다. 팀장의 리더십으로 여기에 또 하나를 추가하고자 한다. 팀장이 팀원에게 제시하는 기준은 세상의 모든 것이 변하여도 변해서는 안 된다. 학창 시절을 떠올려 보자. 맨 앞에서 기준이 되는 학생이 조금만 움직여도 몇백 명이 넘는 전교생이 일제히 도미노로 움직이게 된다. 그래서 기준이 되는 학생이 종종 전교생의 원성을 사기도 했다.

팀장이 그렇다. 그때그때 마다 기준을 달리해 업무를 지시하거나 보고서를 검토하면, 팀원들은 업무처리 시간보다도 팀장의 의중을 파악하는데 시간을 더 허비하게 된다. 한 번에 처리할 수 있는 일을 두 번 세 번 반복하는 불편을 겪고, 이것은 팀원들의 원성으로 이어진다. 하나를 말하고 열 가지 알아듣기를 바라기보다, 열 가지를 말해 하나의 업무를 명확히 지시하는 것이 지혜다.

포수 임무는 분석과 정확한 사인

나는 팀장을 종종 야구경기의 포수에 비유한다. 유일하게 포수만이 투수와 야수를 모두 바라볼 수 있는 위치에 있어 타자의 타격성향을 분석하여 볼을 배합하거나 야수의 위치를 조정해주는 역할을 한다. 야구에서 포수의 중요성이 강조되는 이유다. 몸값 또한 천정부지로 치솟아 프로야구 K 포수는 1차와 2차 FA를 통해 155억 원을, 지난해에 Y 포수는 125억 원을 손에 거머쥐었다.

다른 어느 포지션보다 포수의 역량에 따라 팀의 조직력이 향상되고 팀의 승수가 쌓여간다. 포수는 명확하게 사인을 전달하기 위해 손톱에 매니큐어를 바르는 희생도 감내한다. 팀장도 다르지 않다. 팀장은 포수가 타자를 파악하듯 업무를 정확히 분석하여, 처리 방향과 목표를 팀원에게 명확히 전달해야 한다. 그래야 팀원들이 확신을 갖고 보고서 작성에 전념할 수 있을 테니까. 그 몫이 팀장의 경륜이고 밥값이다.

가. 사인을 정확히 전달하라

야구를 관람하다 보면, 포수와 투수가 사인을 주고받다가 갑자기 포수가 투수에게 달려가 이야기하는 장면을 보게 된다. 서로 고개를 끄덕이고 등을 가볍게 두드려 준다. 포수와 투수의 의견이 서로 맞지 않을 때 이런 경우가 발생하기도 하고, 포수의 사인을 투수가 잘 알아차리지 못한 경우이기도 하다. 포수는 무거운 장비를 지닌 채 마운드로 뚜벅뚜벅 향한다. 힘들고 번거로운 것을 감내하더라도 사인을 명확히 전달하기 위해서다. 직구 사인에 포크볼이나 변화구를 던지면 공이 뒤로 빠지게 되어 게임의 흐름이 망가질 수 있다.

일거리 툭 던지며 팀장님 말씀 "그냥 한번 해봐"

사회생활 초년생 시절, 전 직장에서 있었던 일이다. 팀장님이 윗선에서 지시한 업무를 팀원인 나에게 전달하며 대충 얼버무렸다. 항상 하는 말이 "야, 그냥 한번 해봐."였다. 처음에는 나를 혹독하게 훈련 시키려는 것이려니 생각했다. 하지만 딱 거기까지였다. 그 이상 그 이하의 의미를 애써 부여하고 싶어도 부여할 수가 없었다. 업무를 지시하신 부장님이나 상무님의 의중을 추정하고 예단하여 보고서를 작성하는 것 외에는 달리 방법이 없었다. 작성한 보고서에 대한 피드백 또한 팀장님을 통해서 나에게 전달되기에 말 그대로 산 넘어 산이었다.

한 번은 신입 동기끼리 곱창집에서 술잔을 기울이며 나의 '산 넘어 산' 이야기를 들려주니, 동기 녀석이 한숨과 함께 술잔을 털어 넣으며 말을 이어갔다. "그래도 너는 양반이다. 너는 산 넘어 산이지만, 나는 스무고개다" 우리 동기들이 일제히 자지러지게 웃었던 기억이 난다. 하지만 '산 넘어 산' 팀장도 '스무고개' 팀장도 모두 호인이었고 인간적으로 더할 나위 없이 좋은 분들이었으니 아련한 추억이다.

내가 위에서 이야기하지 않았던가? 팀원에게 하나를 말해주고 열 가지 알아듣기를 바라기보다는, 열 가지를 말해서 하나의 업무를 보다 명확하게 지시하는 것이 우선이라고. 팀

장은 팀원이 훌륭한 보고서를 작성할 수 있도록 길라잡이가
되고 서치라이트를 환하게 비춰줘야 하는 도우미다.

나. 미트를 정확히 대라

팀장들이 업무를 지시하며 자주 빠트리는 것이 있다. 보
고서를 작성하는 팀원이 제일 궁금해하는 것이다. 바로 보고
서의 용도이다. 무엇(what)을 작성해야 하는지는 알고 있지
만, 어떤 용도(why)로 누구(to whom)에게 보고가 되는지는
알지 못하는 경우가 많다.

어떤 사업을 이해하고자 하는 용도라면, 현황자료나 통계
자료로 마무리를 할 수 있다. 하지만, 중요한 정책 결정을 위
한 자료라면 보다 복잡해진다. 환경 분석과 SWOT 분석 등
을 통한 전략분석이 수반되어야 하고, 정책제언이나 검토의
견 등으로 마무리가 되어야 할 것이다.

또한, 누구에게 보고하느냐에 따라 보고서의 양이나 사용

되는 용어 자체가 달라지기도 한다. 바쁜 기관장에게 실무용어로 가득 찬 10장짜리 보고서를 주저리주저리 보고할 시간이 있을까? 그래서 기획하는 사람들은 1장짜리 보고서를 10장으로 늘릴 수도 있어야 하고 그 반대로, 10장짜리 보고서를 반 페이지로 요약할 수도 있어야 한다.

잘못된 지시가 믿음 무너뜨리는 단초

아마도 직장 생활을 해본 사람이라면 모두 다음과 같은 경험이 있을 것이다. 상사가 지시한 불필요한 업무를 팀장은 그대로 팀원에게 전달하고, 팀원은 그러한 의미 없는 업무를 어쩔 수 없이 수행한다. 팀장은 팀장대로 팀원은 팀원대로 고충이 쌓여만 가고, 쌓여가는 고충만큼이나 팀장과 팀원 간의 신뢰는 무너지고 만다.

야구에는 유인구와 결정구가 있다. 불필요하지만 어쩔 수 없이 해야만 하는 업무라면, 팀장은 유인구 사인을 내어 팀원이 다소 편한 마음으로 업무를 수행하도록 도모해야 한다.

팀장은 팀원이 힘을 비축할 수 있도록 업무의 강약을 조정해 주어야 한다는 것이다. 정작 필요한 결정적인 시기에 온 힘을 다해 결정구를 던질 수 있도록 말이다. 팀장은 팀원에게 설명한 그곳에 미트를 정확히 대고 기다려야 한다. 누구(to whom)에게 어떤 용도(why)로 무엇(what)을 보고하는지를 설명한 그 십자 좌표에서 정확하게 말이다.

다. 과감한 프레이밍을 하라

볼인 공을 스트라이크로 판정받도록 하는 포수를 '프레이밍이 좋다'고 칭찬한다. 상대 타자에게는 허탈감을 주고 투수에게는 춤을 추게 하는 기술이다. 프레이밍은 심판의 성향과 투수의 제구력 등을 자세히 분석하여 포수가 미트를 적절히 움직이는 것이 관건이다. 감히 말하고자 한다. 팀장은 과감하게 프레이밍을 해야 한다고 말이다.

맥락과 방향성을 짚어주는 리더

전 직장에서의 일이다. 여기서 오해하지 말길 바란다. 혹시 발생할지 모르는 불미스러울 때를 대비해 내가 빠져나가려, 모든 에피소드를 전 직장의 일로 치부해버린다고 생각하는 것은 금물이다. 나는 대범하지도 않지만 그렇다고 그리 쫀쫀하지도 않다. 예전에 빨간 펜 아저씨라 불리던 팀장이 있었다. 보고서를 보기 전에 항상 먼저 빨간 펜을 들곤 했다. 모든 것을 고치겠다는 강력한 의지의 표현처럼...

한 번은 결재서류를 들고 갔는데, 잠시 멈칫멈칫하시며 읽는 것을 반복만 하신다. 아마도 수정할 내용이 딱히 없어서 그러셨던 것 같다. 하지만, 이내 찾아냈다는 듯 묘한 미소를 지시며 빨간 선을 두 줄 그으신다. 수정 내용은, '한다. 그리고'를 '하고'로 말이다. 으라차차~

우리가 기억해두어야 할 것이 있다. 팀장의 역할을 잘못된 것을 찾아내고 지적하는 것으로 생각하는 것은 큰 오산이다. 보고서가 다소 덜컹거리거나 미흡한 부분이 있더라도, 전체적인 맥락이 잘 전개되고 있고 방향성에 문제가 없다면 콜 사인을 줄 수 있도록 과감하게 프레이밍을 해야 한다. 사사건건 구구절절 토를 달아야 무슨 소용이 있으랴. 어느 정도 목적지 근처에 들어오면 흔쾌히 결재하라는 것이다. 하지만 명심해야 할 것이 있다. 촌철 검토도 잊지 말아야 한다. 어처구니없는 볼을 스트라이크로 만들면 아마도 야구장에서 볼썽사나운 일이 벌어질 것이다.

2. 지겹도록 함께하라

담배를 피울 때가 가장 좋았던 것 같다. 무슨 해괴망측한 소리냐고? 사실이 그렇다. 커피믹스를 들고 잠시 담배를 피우노라면, 5~10분 동안에 적지 않은 직원들과 만나게 되고 어울리게 된다. 인사이동이나 현안 사항 등 무거운 회사 이야기에서부터 집에서 기르는 강아지 이야기까지 다양한 주제가 쉴 없이 흘러나온다.

그러다가 서로 시간이라도 맞을라치면 퇴근 후에 술잔을 함께 기울이게 되고, 그렇게 한 번 두 번 술잔을 꺾다 보면 직장동료에서 둘도 없는 호형호제하는 사이가 된다. 이렇게 호형호제하는 직원 간에는 얼마나 업무가 매끄럽고 부드럽게 진행되겠는가! 또한, 얼마나 많은 화젯거리가 오가겠는가? 선배들도 이런 이야기를 자주 한다. 직장에서 힘든 것은 정작 '일'이 아니라, 사람들과의 관계라고...

정작 힘든 것은 일이 아니라 ...

요즘에는 서비스센터가 있어서 편리해졌지만, 예전에는 집에서 사용하는 가전제품이나 농기계가 고장이 나면, 철물점에서 비슷한 부품을 구해서 수리했었다. 제대로 된 부품이 아닌데도 작동되는 것을 신기하게 지켜보았던 기억이 난다.

기계는 부품 하나하나가 본인의 역할만 하면 그 기능에 변함이 없었다. 하지만 사람 사는 세상은 어떠한가? 직장 생활은 어떠한가?

직장에서 잘 나가는 정예구성원으로 팀을 꾸려 완벽하게 업무를 수행해도, 업무 외적인 심리적인 삐거덕거림 하나가 팀워크를 와해시키기도 한다. 팀 분위기는 엉망이 되고 이내 모든 팀원이 전염병처럼 상처를 입곤 한다. '일로 만난 사이' 지만 그 이상의 그 무엇인가가 있는 것이다. 삐거덕거리지 않도록 서로 단단히 잡아주고 때로는 믿음의 쐐기를 박아줄 수 있는 그런 시간과 그런 마음이 필요하다. 몸에 좋지 않은 담배를 함께 피우지 않더라도, 그리고 쓰디쓴 술을 함께 마시지 않더라도 말이다. 함께 노닥거리고, 떠벌리고, 망가지기에 딱 좋은 그런 정해진 날은 없다. 그냥 함께하자. 지겹도록 말이다.

가. 노닥거려라

나는 회의를 하지 않는다. 팀원을 모두 불러놓고 하는 팀 회의를 말하는 것이다. 월요일 아침에 대부분의 사무실 풍경은 비슷하다. 커피 한 잔씩 테이블에 올려놓고 주말에 있었던 일을 잠시 이야기하고, 지난주의 업무실적과 이번 주의 업무계획을 순서대로 보고한다. 회의가 좋고 나쁨을 떠나 나는 이런 식의 회의를 좋아하지 않는다.

듣지는 않고 본인 말만 쏟아놓는 회의

사실 내가 회의를 하지 않는 계기가 있었다. 사회 초년생 시절이다. 팀장이 회의하자고 하더니 한 시간 동안 자기 할 이야기만 하고 '회의 끝'이라고 선언해 버린다. 무슨 말이라도 할라치면 시간이 없다고 말도 못 하게 하더라. 뭐 이런 회의가 다 있나? 아마도 나 자신도 이런 팀장이 될지도 모른다는 노파심에 회의를 안 하게 된 것 같다.

내가 팀원의 의견을 듣고자 하면 팀원과 둘이 이야기를 한다. 팀원이 팀장인 나의 조언을 듣고자 하면 팀원이 나를 테이블로 불러 앉힌다. 이때는 서로 원하는 바가 있기에 깊이 있는 이야기를 나눌 수 있다. 나는 팀원이 최대한 많은 이야기를 꺼낼 수 있도록 시간과 분위기를 마련해 준다. 이렇게 팀원과 이야기를 나누다 보면 내가 모르던 것을 알게 되고 내가 잘못 알고 있던 정보를 바로잡게 된다. 깊이 있는 대화를 통해 실무자의 감각과 식견을 덤으로 얻는다.

실무자가 제시한 방법이나 방식이 나의 의견과 다를지라도 방향만 맞으면 오케이 사인을 보낸다. 그래야 의견을 적극적이고 자신 있게 피력하게 된다. 자잘한 것을 쉽게 털고 가야, 언제 닥칠지 모르는 큰 파도에 대비할 힘을 함께 비축할 수 있지 않겠는가? 이런 경우에는 사공이 많다고 절대로 배가 산으로 올라가지 않더라.

나. 떠벌려라

'정보는 돈이다.'라는 말이 있다. 하지만 내가 가지고 있는 것 중에 돈이 될 만한 정보는 하나도 없는 듯하다. 아마도 직장인 대부분이 나와 다름이 없을 것이다. 특수한 분야에 근무하는 사람을 빼고는 말이다. 나는 안테나가 별로 없는 직장인 중의 한 명이다. 굳이 다른 사람들의 이야기를 들으려 주파수를 맞추지도 않는다. 그렇다고 내가 직장에서 소외당하는 것 같지도 않다. 누군가 애써 찾아와 나에게 귓속말로 화젯거리 정보를 알려주지 않는 이상, 나는 모든 정보를 공문이나 안내문을 통해 접할 뿐이다.

정보는 내주고 신뢰는 키우는 무기

한 번은 이런 일이 있었다. 누군가가 내 팀원의 인사이동에 대한 정보를 알려줬다. 그리고는 어김없이 당부의 말을 남긴다. 그 어느 사람한테도 이야기하지 말아 달라고 특히,

팀원에게는. 나는 팀원을 볼 때마다 아주 난감했다. 이 친구도 분명 본인의 전출부서가 궁금할 것이다. 알면서도 모른 척하는 것이 너무 힘들었다. 그래서 결국 그냥 말해버렸다. 그 친구의 궁금증을 해소해주기 위해서가 아니라, 내가 침묵하는 것이 너무나 힘들었기 때문이다.

"팀장님, 감사드립니다. 먼저 알려주셔서요. 사실 저도 소문으로 대충은 알고 있었습니다." 나는 그 친구의 눈을 통해 마음을 읽을 수가 있었다. 본인에게 먼저 알려준 것에 대한 감사한 마음과 자기를 신뢰해 줘서 고맙다는 눈빛을 말이다.

잠시나마 머뭇거린 내가 뒤통수를 한 대 거하게 얻어맞은 느낌이었다. 나에게 중요한 정보는 동료에게도 중요한 정보다. 내가 궁금해하는 정보는 동료도 궁금해하는 정보다. 그래서 나는 떠벌리고 다닌다. 개뿔 가진 정보는 없지만, 그래도 팀원에게 떠벌리고 다닌다. "임금님 귀는 당나귀 귀"라고 말이다. 명심하자. 괜히 아끼다가 똥 되게 하지 말고...

다. 망가져라

나는 이중적인 삶을 사는 몇 분을 알고 있다. 직장에서는 그렇게 빈틈없고 젊잖으신 분들인데, 팀 회식 자리나 사적인 자리에서는 그렇게 자유로운 영혼이 아닐 수 없다. 처음엔 적잖이 당황했다. 저분들의 본 모습이 무엇일까? 어느 쪽이 진짜일까? 아뿔싸. 그들과 함께 지내며 그런 의구심은 신뢰와 친근함으로 바뀌었고, 그분들은 언제부턴가 내가 직장에서 존경하는 어른으로 자리 잡고 있다.

인간적으로 손 내미니 거리감도 사라져

너무 맑은 물에는 물고기가 모이지 않듯이, 철저하고 완벽한 사람에게 다가가기란 그리 쉬운 일이 아니다. 검은 뿔테 안경을 쓰고 뚝심 있게 고시 공부를 하는 학생들을 보면 왠지 어깨를 두드려 주며 따뜻한 말이라도 건네고 싶어진다. 하지만 그 친구가 고시에 합격해서 검은 슈트에 금테안경을 쓴 채 검사복을 입고 나타나면, 왠지 이질감이 들고 거리를 멀리하게 된다. 똑같은 사람인데도 말이다.

팀장이 아무리 팀원에게 우리는 같은 동료라고 말한들 보이지 않는 거리감이 사라지겠는가? 팀장은 엄연히 업무를 지시하는 사람이고, 팀원과는 상하 관계가 존재한다는 것을 부인할 수는 없다. 그러나 팀원하고 가까워지는 방법은 의외로 간단하다. 위에서 언급한 이중적인 삶을 사는 분들을 생각하면 된다. 우리는 동료라고 말로만 외치지 말자.

팀장은 망가지는 것이 필요하다. 일부러 허점과 빈틈을 보이라는 것은 결코 아니다. 팀장이라고 근엄하고 젊잖게만 있지 말라는 것이다. 오랜 친구들하고 즐길 때처럼 인간적인 면을 보여라. 굳이 팀원 앞에서 감출 필요가 없다. 내가 존경하는 그분들처럼 말이다. 다시 되새겨야 할 것이 있다. 야구팀의 포수는 사인을 명확하게 전달하기 위해 손톱에 매니큐어를 바른다는 것을...

3. 배알 있게 배려하라

　"자네는 왜 우리 회사에 지원했나?"라는 말에 대답하기 위해 얼마나 많은 시간을 보냈던가? 솔직히 삼각형이면 삼각형으로, 사각형이면 사각형으로 나의 능력과 적성을 그 회사에 얼마나 끼워 맞췄던가. 정작 지원 동기는 따로 있는데...

되물어보자. 사실 돈이 필요해서 지원하지 않았던가. 물론 역사적 사명을 띠고 이 땅에 태어나서 조국과 민족의, 그리고 그 회사의 무궁한 발전을 위해 입사하는 사람이 있을 수도 있다. 하지만 나를 포함해서 대부분은 그렇지 않을 것이다. 아마도 많은 사람이 입사 이유를 속마음과 달리하여 멋지게 포장하고 싶겠지만, 사실을 부인할 수 없는 게 현실이다.

우리 대부분은 어쩔 수 없이 필요에 따라서 직장 생활을 한다. 이런 상황인지라 직장에 출근하는 것 자체가 싫을 때도 있고, 달력의 빨간 글자만 기다리고 있는 서글픈 나를 발견하기도 한다. 사회 초년생에게는 온종일 책상에 묶여있는 것만으로도 그저 슬프고 고달프기만 하다. 얼마 전까지만 해도 못 갈 곳이 없는 야생마였는데 말이다. 업무로 직장동료와 언성을 높이기라도 할라치면, 직장과 세상이 싫어지고 참담한 인생의 그로기 상태를 맛보게 된다. 참으로 안타까운 일이 아닐 수 없다.

손발 맞춰본 것처럼 야무진 퍼즐을 만든다면

비록 어쩔 수 없는 선택으로 만난 사이지만, KAIST의 성장과 발전을 위해 너와 내가 함께 해야 할 일이 있다. 다른 직원이 그로기 상태에 놓이게 되면 내가 바빠지는 것이다. 함께 격려하고 배려할 때 너와 나의 직장 시계는 힘차게 돌아간다. 하지만, 여기서 명확히 해두어야 할 것이 있다. 좋은 게 좋은 것이라고 무작정 배려하는 것은 금물이다. 팀장이 팀원의 호감을 얻기 위해 하는 배려는 진정한 배려가 아니다.

"요즘은 팀원들 눈치 보는 게 힘들어!"(씁쓸한 미소로써 동조하는 독자가 있을 것이다. 물론 나도 예외는 아니다) 팀장들로부터 이런 자조 섞인 말을 종종 듣곤 한다. 이 경우는 공감이 없는 메마른 배려이다. 배알도 없이 무작정 배려하면 무책임한 것이고, 팀원을 수수방관하는 셈이다. 팀원이 진정으로 노력을 다하여도 어려움을 겪고 있다면, 바로 그때가 배려라는 리더십이 출동할 시간이다.

배려하면 내가 다소 불편해지는 것이 사실이다. 하지만 그 불편은 '아름다운 불편함'일 것이다. 내가 배려라는 이름으로 내 마음을 연 만큼, 그 안으로 다른 사람의 마음이 들어온다. 짜릿함이다. 그렇게 공감하고 배려하다 보면 서로의 마음이 아주 잘 맞춰진 퍼즐처럼 단단해지고, 공고해진다. 그래서 우리는 '동료'이고, '너는 또 다른 나'인 것이다.

[지나가는 말] 퇴직하는 선배들이 이구동성으로 하는 말이 있다. KAIST에 고맙다는 것이다. KAIST가 선배들의 삶에 많은 영향을 주었고 함께 성장할 수 있었다는 것이다. KAIST와 같은 세계적인 기관과 함께할 수 있어서 자부심도 있었다는 말도 빠뜨리지 않는다. 주인의식과 자부심을 갖고 KAIST와 함께 성장하라는 주문이다.

가. 오므릴 수 있는 만큼 벌려라

컴퍼스를 처음부터 잘 다루기가 그리 쉬운 것이 아니다. 처음부터 큰 원을 그리기 위해 다리를 너무 벌리면, 컴퍼스가 잘 돌아가지 않는다. 컴퍼스가 중심을 잃고 이내 자빠지고 만다. 빨리 큰 원을 그리려는 조급한 마음에서 생기는 낭패다. 그래서 작은 원부터 그리는 연습을 해야 한다.

직장 생활도 다르지 않다. 신입직원에게 처음부터 너무 많은 일이 할당될 때가 있다. 직장에 적응하는 것만으로도 제 한 몸 가누기가 힘든 데 말이다. 이때 일부 직원은 아예 자포자기해서 '관심 직원'으로 낙오되거나, 아니면 과다한 업무 등을 이유로 퇴사해버리고 만다. 직원 개인에게도, 기관에도 이만저만 손해가 아니다. 신입직원이 숨을 고르며 일할 수 있도록 배려해야 하는 이유다.

배려하며 업무조정 하니 모두가 "콜"

뱁새에게 황새를 쫓아가라고 내몰아버린 꼴이 되었으니, 시쳇말로 가랑이가 찢어진 격이다. 팀장은 신입직원과 기존 팀원 간의 업무를 조정해야 한다. 팀원의 업무능력에 따라 적절히 업무를 배분하는 지혜가 필요하다. 어떤 경우 팀장이 잠시 직접 업무를 맡거나 지원해주는 것도 방법이다.

팀장은 해야 할 일을 반드시 해야만 한다. 팀원 간의 업무를 조정하는 것이 그리 쉬운 것만은 아니지만, 그렇다고 항상 어려운 것만도 아니다. 그렇다. 당신은 복 받은 사람이라고 해도 좋다. 얼마 전 신입직원이 들어와 팀원 간의 업무 조정이 불가피했다. 업무보다 많은 근심을 가득 안고 팀원들과 이야기하니 모두 흔쾌히 추가적인 업무를 받아들였다. 그날 이후, 나는 쓸데없는 편견을 개에게 줘버렸다.

나. 추임새를 넣어라

순 우리 말로 추임새라는 말이 있다. '위로 끌어 올린다.'

또는 '실제 보다 높여 칭찬하다.'라는 뜻이다. 쉽게 말해, 고수가 판소리 중간중간에 흥을 돋우기 위해서 삽입하는 소리도 추임새라 한다. '얼씨구', '좋다', '얼쑤', '그러지' 등이다. 소리꾼이 부르는 창 사이사이에 고수의 추임새가 아주 멋들어지게 들어간다.

추임새는 소리꾼의 어깨를 한껏 치켜세워주고 창에 맛깔을 더해준다. 소리꾼과 고수의 찰떡 진 호흡은 청중의 심장박동을 요동치게 하고 기분을 한 옥타브 더 끌어 올려놓는다. 아주 신명 나는 판소리 한마당이 완성되는 것이다.

팀장은 고수지만 추임새 지나치면 의심

직장 생활도 마찬가지다. 팀장은 고수가 되어야 한다. 고수의 추임새가 소리꾼을 춤추게 하듯, 팀장의 격려 한 마디에 팀원의 업무능력이 상승한다. 칭찬이 고래도 춤추게 하는데, 하물며 같은 인간의 마음을 동하게 못 할까. 하지만 아무거나 가지고 칭찬을 하면 가식적인 것으로 전락하여 버리고,

진정성도 의심을 받게 된다.

얼마 전 '맛남의 광장'이라는 방송 프로그램에서 한 출연자가 백종원 씨의 요리를 맛보았다. 그런데, 문제는 음식을 음미하기도 전에 "와 맛있다"라는 말을 내뱉어 버린 것이다. 다른 출연자들이 일제히 맹목적이고 영혼 없는 리액션 이라고 비난(?)하던 장면이 떠오른다. 백종원 씨도 그 출연자도 여간 당황스러워하는 것이 아니었다. 맞다. 칭찬에 인색하지 말라는 것이지, 없는 칭찬을 만들어내라는 것이 아니다.

명확히 해두자. 칭찬은 보양식이 될 수 있으나, 약은 될 수 없다. 약이 필요한 곳엔, 그에 맞는 팀장의 처방이 필요하다는 것도 명심해야 한다. 그런데 나는 왜 이렇게 칭찬에 인색할까? 아마도 내 마음을 표현하는데 서툰 것 같다. 어찌 보면 결혼한 것이 대견할 뿐이다.

다. 공감으로 교감을 채워라

'사람이 인공지능과 사랑의 교감을 나눌 수 있을까? 몇 년 전에 결혼 정보회사가 흥미로운 설문 조사를 한 적이 있다. 설문에서 미혼남녀들은 인공지능이 사람을 대체할 수 없는 이유로 '인공지능과는 감정을 공감할 수 없다(남성 51.3%, 여성 38.9%)'라는 점을 이야기했다. 이처럼 공감은 사람에게 부여된 특별한 능력이다. 아기가 태어나서 가장 먼저 습득하려는 것이 공감 능력이라고 한다. 아기는 가장 먼저 '엄마'라는 단어를 익힌다. 그리곤 "이게 뭐야"라는 말을 배운다. 즉, 공감을 할 수 있는 대상을 엄마로 정하고, 자기 주변에서 보이는 것들을 엄마와 공감하려 하는 것이 아닐까. 이런 상호공감을 통해 엄마와 아기의 애착 관계가 확고해진다.

공고한 신뢰는 팀원 자존감 키워줘

공감 능력은 사랑, 예술, 문학, 인간관계 그리고 리더십

등 모든 영역에서 요구된다. 팀장에게 요구되는 것 중에 하나도 바로 이 공감 능력이다. 전문가들이 공감 능력을 배양하기 위해 무엇을 제안하는지는 모르겠다. 하지만, 직장 생활에 있어 팀장의 공감 능력을 향상하는 방법은 익히 알고 있다. 바로 팀원들과의 심리적 유대관계를 가지는 것이다.

방법은 간단하다. 팀원들과 함께 스스럼없이 어울리면 된다. 그러다 보면, 어느새 공감 영역이 많아지고 편안한 대화가 오가게 된다. 바로 공감이 교감으로 이어지는 것이다. 공감과 교감은 바로 공고한 신뢰로 이어지고, 팀원의 자존감 향상에 원천이 되기도 한다. 결정하라. 팀원들과 함께 공감지수를 높일지 아니면, 감정 공유 능력이 떨어지는 외톨이 AI 팀장으로 남을지를…

농부 리더십

다소 늦더라도 함께 한다는 느긋함

박 상 환 ┃ 소박함을 존중하는 감사(感謝)주의자

없는 것을 찾았다. 찾다가 지쳐서 가슴을 쳤다. 없는 것을 찾을 때는 가슴을 쳐야 한다. 가슴을 치고 또 치니 가슴에서 없는 것이 생겼다. 하지만 가슴에만 있는 것은 없는 것이라고 했다. 가슴에서 가슴으로 옮겨 다녀야 비로소 있는 것이라고 했다. 그래서 가슴에 있는 것을 나누어 본다.

sh-park@kaist.ac.kr

Chapter 3
농부 리더십

'정성껏 씨앗을 뿌리고, 애정으로 가꾸며, 감사의 마음으로 열매를 거두는 것' 농부는 사람들을 위한 생명의 씨앗을, 리더는 사람을 관리하는 관계의 씨앗을 뿌린다.

"농작물은 농부의 발소리를 듣고 자란다."는 말이 있다. 이른 새벽부터 늦은 밤까지 수고하는 농부의 성실함이 농작물을 병충해 없이 키우는 필수요건이라는 뜻이다.

리더의 역할도 농부와 다를 바 없다고 생각한다. 정성껏 씨앗을 뿌리고, 애정으로 가꾸며, 감사의 마음으로 열매를 거두기 때문이다. 다만 농부는 사람들을 위한 생명의 씨앗을, 리더는 사람을 관리하는 관계의 씨앗을 뿌릴 뿐이다.

누구를 위해 씨앗을 뿌릴까?

이런 관점에서 '나는 리더일까? 리더라면, 어떤 리더일까?' 노자의 도덕경에 나오는 '도가도비상도(道可道非常道)'를 함부로 끌어들여 "리더라고 말할 수 있는 리더는 리더가 아니며, 리더는 주어지는 것이 아니라 자연스럽게 되어가는 것이니, 아무도 따르지 않는다면 리더라 할 수 없다."고 주장하고 싶다.

리더냐 아니냐보다 중요한 것은 열매를 나누기 위해 씨앗을 뿌리는 농부가 되어야지, 이익만을 위해서 바구니를 챙기는 장사꾼이 되어서는 안 된다는 것이다.

성실한 농부의 마음이 되어 직장생활을 처음 시작했던 그 때로 돌아가 보고자 한다. 어떤 리더를 존경했었는지, 어떤 리더에게 실망했었는지, 어떤 리더가 되고 싶었는지를 되새기면서 리더십에 대한 이야기를 나누어 본다.

1. 정성껏 씨앗을 뿌려라

어릴 적 할머니께서 장독대 귀퉁이에 정화수를 떠 놓고 두 손 모아 비시던 모습이 생각난다. 할머니는 무엇을 위해 그리 비셨을까? 마음을 다하고 정성을 다하면 사랑하는 모든 사람이 건강하고 행복해질 것이라는 생각이셨을 것이다.

농부가 씨앗을 뿌릴 때의 마음도 다르지 않다. 자신이 뿌린 씨앗이 무럭무럭 자라서 사람들에게 건강과 행복을 주는 먹거리가 되길 희망하는 마음이 아닐까? 그렇다면 리더는 어떤 마음가짐으로 씨앗을 뿌려야 하며, 리더가 뿌려야 하는 씨앗은 무엇일까?

가. 마음이 전부다

흔히 직장 생활의 한 면을 이야기할 때, "일이 힘든 것이 아니라 사람이 힘들다."고 말한다. 이 말은 직장생활이 사람들과의 관계로 이루어지며, 이런 관계가 직장생활에서 무엇보다 중요함을 반증한다. 그렇다면 이렇게 중요한 관계는 어떻게 맺어지는 것일까?

"헤아리고 관계 맺고..." 벅차고 바쁜 하루

사람들은 오감을 통해서 외부 환경을 감지하게 되고, 살아온 경험이나 교육받은 지식을 기준으로 싫다–좋다, 즐겁다–괴롭다, 행복하다–불행하다, 편안하다–괴롭다 등 많은 생각과 감정이 일어나게 된다. 이렇게 일어난 생각과 감정이 마음을 만들고 흔들리게 한다. 이러한 마음은 거꾸로 또 다른 감정을 만들어내며, 그 감정은 오만가지 생각을 만들고, 그 생각은 본능적 감각의 만족을 구하려 한다. 이것이 마음작용이고 사람 관계도 이러한 마음작용을 통해서 이루어지는 것이다.[1]

마음은 에너지라서 서로가 같은 주파수의 마음을 가지고 있을 때 증폭하고, 반대 주파수의 마음을 가지고 있을 때 상쇄되거나 소멸한다. '본디 마음은 없는 것'이라고 하는데, 없는 마음을 가지고 우리는 기뻐하고 때론 괴로워하는 것이다.

리더는 '본래 없는' 자신의 마음도 바로 알아차려야 하고 동시에 동료들의 마음을 헤아리며 다른 사람들과 관계를 맺어야 하니 벅차고 힘든 위치다. 벅차고 힘들다고 하여 마음을 헤아리지 못하면 리더라고 할 수 없다.

---

1   도운 허경무, 밝문화미디어, 2010, 하늘향기 p102~103 인용

리더는 보이지 않는 것도 보아야 하고 들리지 않는 것도 들어야 한다. 리더의 능력을 어벤져스의 영웅들이라고 하면 너무 과장된 표현일까? 리더는 동료들의 마음을 헤아리고 언제 어떤 마음을 증폭시키고, 어느 때 어느 마음을 소멸시켜야 하는지 익히 알고 있어야 한다. 또한, 합리적인 기준을 놓치지 않고 시시각각 바뀌는 마음을 절제하며 정성을 다해 공을 들여야 하는 것이 리더의 숙명이다.

동기 부여하고 기쁨을 주는 행복의 씨앗

농부가 감사와 희망의 마음으로 씨앗을 뿌리듯, 나는 오늘도 마음이라는 씨앗 하나를 정성스럽게 뿌린다. 그 씨앗은 동료들에게 동기를 부여하는 에너지다. 그 씨앗은 동료들이 합심토록 하며 서로의 아픔을 기쁨으로 만들어 주는 치료제이다. 그 씨앗은 동료들의 평온을 바라는 소망이다. 그 무엇보다 마음이 우선이니까 말이다.

나. 단순한 것이 오래 간다

우리는 복잡한 세상에 살고 있다. 혼잡하고 빠르게 변해가는 삶의 속도와 환경 속에서 먹고 사는 형편이 나아진 그 만큼, 삶의 고민과 걱정도 늘어났다. 그도 그럴 것이 복잡하다는 것은 생각할 것이 많다는 것이고, 사소한 것에서 갈등이 발생할 수 있다는 것을 의미하기 때문이다.

요즘 직장생활은 어떤가? 〈90년생이 온다.〉처럼 세대 간 갈등과 시대변화를 그린 베스트셀러가 생겨났고, 일과 사생활의 조화를 고민하는 '워라밸(Work-Life Balance)'이라는 신조어와 'MeToo' 같은 성폭력 실상을 고발하고 나아가 성불평등 근절을 위한 사회운동 관련 해시태그 등 시대적 키워드가 만들어지고 있다. 이러한 사회적 환경의 다변화는 직장생활에서도 해결해야 할 문제가 증가하고 있다는 것을 의미한다.

우리는 자의든 타의든 수많은 사회적 규범을 지키며 살아간다. 세상 모든 것이 복잡해지면서 그것이 발전인양 지켜야 할 규범도 덩달아서 많아졌다. 직장이라는 공동체를 이루며 함께 생활하다 보면 복잡한 규범 내에서 서로의 생각이 달라 갈등이 생길 수도 있다. 리더는 이러한 갈등을 미리 막고 원만히 조정해야 한다. 세상이 다양해졌으니 리더의 역할도 당연히 많아지고 복잡해진 것이다.

갈등 막고 질서 지키는 신뢰의 나무

리더가 갈등을 해결하고 공동체의 질서를 유지하기 위해서는 명확한 기준이 필요하다. 복잡해진 시대변화 속에서 리더는 동료에게 명확한 기준을 제시하기 위해 '솔로몬의 지혜'를 발휘해야 한다. 복잡하면 명확하기 어렵고 명확하려면 단순해야 하기 때문이다. 공동체 생활에서 야기되는 문제의 대부분은 '하지 말아야 할 일을 하고, 해야 할 일을 하지 않을 때' 생긴다. 특히 기준을 예외적으로 적용하는 순간, 하지 말아야 할 일과 해야 할 일이 모호해진다. 복잡해질수록 예외를 적용할 가능성은 묘하게도 높아진다. 그래서 리더는 단순해야 한다. 사안을 단순하게 생각하고 판단해야 하며 조직의 질서를 유지하기 위한 기준도 단순해야 한다. 단순해야 명확하다.

'해야 할 일은 반드시 함께하고, 하지 말아야 할 일은 끝까지 하지 않는다.'는 단순함으로 동료들과 소통함으로써 리더는 공감이라는 또 하나의 씨앗을 뿌린 것이다. 이 씨앗은 오래도록 흔들림 없는 신뢰의 나무로 자랄 것이다.

다. 자율 안에 질서를 심어라

지금까지 직장 생활이 재미있어서 오래도록 더하고 싶다고 말하는 사람을 거의 만나보지 못했다. 인생의 대부분을 일터에서 보내는 직장인 중에 인생을 즐겁게 생활하는 사람이 거의 없다는 의미 일까? 직장 생활이 먹고 살기 위한 불가피한 선택일 뿐인 것일까? 직장 생활은 그럭저럭하면서 가급적 직장을 멀리 벗어나 즐거움을 찾을 수 있다면? 좋아하는 취미를 직업으로 삼아 살아 본다면?(낚시를 좋아하는 사람이 어부가 되고, 요리를 즐기는 사람이 셰프가 되는 것) 이미 우리는 답을 알고 있다.

직장생활을 이미 시작한 처지에서 돌파구를 찾기란 쉽지 않다는 것을, 취미를 직업으로 삼는다 한들 인생이 녹녹할 리도 없다는 것을. 어떻게 하든 마음을 바꿔서 직장 생활을 즐겨볼까? 이 정도면 득도를 해야 할지도 모른다. 그렇다면 직장 생활에서 즐거움을 찾는 방법은 없을까? 그렇게만 할 수 있다면 정말 좋겠다.

피할 수 없으면 즐기라고?

세계적인 〈신의 직장〉을 소개하는 다큐 방송을 본 적이 있다. 투명한 기업문화, 체계적인 인재교육, 공정한 인사관리, 고급 복지서비스, 개인의 삶과 전문성 보장 등 기업의 수많은 경쟁력을 소개하는 내용이었다. 그 기업은 직원 개개인을 매우 신뢰하며 존중하고 있었고, 직원의 의사결정 자유가 얼마나 기업의 발전과 직원 개인의 업무 만족도를 높이는지 실증하고 있었다.

업무 만족도가 높다는 것은 업무를 하면서 즐거움을 느낀다는 의미다. 업무 만족도가 높으면 성과도 당연히 높을 것이다. 의사결정의 자유가 도대체 무엇이기에 그렇게도 도망치고 싶어 하는 직장생활에서 즐거움을 느끼게 하는 것일까? 의사결정의 자유는 업무에서 직원들에게 더 많은 권한과 자유를 주는 것이라고 한다. 이런 자유는 자발적인 참여를 유도하고 주인의식을 갖게 하며 창의성을 극대화시킨다고 한다.

외국 기업문화를 우리나라의 기관에 그대로 적용하는 것은 적합하지 않겠으나 다방면에서 연구해 볼 만하다. 중요한 것은 이러한 주장이 맞느냐 틀리느냐가 아니라, 어느 선까지 직원들에게 자율성을 부여할 것인지에 대한 제도화라고 생각한다. 이러한 이유로 몇 가지 기준을 제시해 본다.

- 조직의 방향성과 같아야 한다

직원에게 부여되는 자율성은 함께 하는 우리 조직의 비전과 목표에 부합되어야 한다. 자율이 개인의 독창적인 능력에만 집중되어 공동체의 방향성을 잃어버려서는 곤란하다.

- 직원 개인의 성장에 도움이 되어야 한다

직원 개인의 성장 없이 조직의 성장을 강요한다면 그것은 공염불이다. 개인의 성장에 도움이 되지 않는 방법으로 업무를 하면서 즐겁다는 것은 거짓이다.

- 책임도 동반되어야 한다

자칫하면 개성이 강한 특정 직원에게 면죄부를 주는 효과가 될 수도 있음을 경계하라. 혁신과 혁명을 주장하며 혼자 옳다는 사람을 적잖이 보아온 경험이 있지 않은가!

- 서로 존중해야 한다

개인에게 부여된 자율성이 또 다른 사람의 자율성을 무시

하고 속박해서는 안 된다. 존중은 투명한 것이고 평등한 것
이다.

2. 애정으로 가꾸어라

정성스러운 마음으로 씨앗을 뿌렸다. 씨앗을 애정으로 가꾸는 것이 농부의 역할이듯 리더는 솔선수범으로 뿌린 씨앗을 가꾸어야 한다. 솔선수범은 상대를 존중하며 긍정적으로 변화시킬 수 있는 최선의 방법이다.

씨앗을 가꿀 때 환경도 무시할 수 없다. 주어진 환경을 어

떻게 받아드리며 어려움을 극복해 나가는지도 대단히 중요
하다. 이번에는 리더에게 주어진 환경은 무엇인지, 씨앗을
어떻게 건강하게 가꿀 것인지 생각해보자.

가. 우리가 남이가! 남이다

사회 초년병 시절 만났던 선배들은 동네의 형, 누나처럼
정말 친근하게 나를 대해주었다. 나도 그들을 친형, 친누나
처럼 생각했고 직장 생활은 물론 가정생활의 많은 부분을 공
유했다.

그들은 무슨 문제라도 생기면 열 일을 제쳐두고 관심을 기
울여주었다. 본인의 일처럼 기뻐하고 슬퍼해 주었다. 그래서
인지 직장에서 만난 사람들을 가족처럼, 친구처럼 생각하며
가능한 많은 것을 공감하고 싶은 마음도 생겼다.

이런 마음과 습성이 반드시 옳고 이상적이라고 말하려는
것이 아니다. 시대 흐름에 따라 문화는 변하고 자신의 가치

관도 바꿔가며 생활해야 한다. 10년 전만 하더라도 함께 일하는 직장 선배들을 형, 누나처럼 따르고 싶은 마음이 많았고, 같은 연배의 동료들은 친구처럼 허물없이 대하고 싶었다. 뭐 여기까지는 어느 정도 문화적인 공감대가 있어서 거부감 없이 생활할 수 있었다. 하지만 후배들을 동생처럼 챙겨주고 보호하는 것이 당연하다고 생각한 것이 문제였다.

'나씨나길'[2] 이라고 들어 보았는가? 〈90년생이 온다.〉의 저자 임홍택 작가의 저자 직강에서 처음 이 단어를 듣고 적잖은 충격을 받았다. 먼저 이 단어를 모르면 '꼰대'라고 하는 것에서 내가 '꼰대'임을 처음으로 알아차리고 충격을 받았고, 지금까지 후배들에게 해왔던 선의가 모두 나 자신만의 만족일 뿐 상대에게는 무자비한 것이었다는 사실에 멘붕이 왔다. 그 충격으로 직장 생활의 관계에 대해서 몇 날 며칠을 생각하는 시간을 가졌다.

생각해보니 나 또한 젊은 시절 직장 생활에서 선배들의 관심과 배려가 좋은 느낌만 남아있는 것이 아니라는 사실을 깨

---

2   나는 씨*(비속어) 나만의 길을 간다.

달았다. 과거를 돌이켜보니 심지어 몇몇은 다시 만나고 싶지
않은 사람도 떠올랐다.

"내 친동생 같으니 하는 말인데"

무슨 업무를 하는지 별 관심이 없다가도 휴가 갈 때는 어
디를 가는지, 누구랑 가는지, 왜 가는지 속속들이 알고 싶어
했던 「다이어리형」, 부서의 분위기 메이커를 자처하며 옷 색
깔 하나까지 지적하던 「코디형」, 회식 자리에서 탁자를 머리
로 내리치며 충성 구호를 요구하는 「도원결의형」, 자신의 어
려운 처지를 속삭이며 자신의 길을 대신 가달라는 「얍삽이
형」.

그뿐인가? 잘못된 점을 지적하며 내가 하면 예술, 상대가
하면 외설을 주장하는 「3류 비평가형」, 부정적인 느낌으로
떠오르는 그들은 "내가 친동생 같아서 하는 말인데"로 시작
해서 잔소리로 끝맺음을 했고, "내가 너를 가족같이 생각하
잖아. 그래서 하는 말인데"로 시작해서 강요와 훈계의 언어

폭력을 마다하지 않았다.

우리는 남이다. 분명하게 남이다. 챙겨주고 싶고 호의를 베풀고 싶다면 반드시 상대방의 입장도 생각해야 한다. 가족이라 하더라도 마찬가지다. 호의와 친절이 생각과는 다르게 무자비할 수 있다는 것, 받아드리는 사람도 너무 민감하게 반응하여 행운을 걷어찰 수 있음을 생각해야 한다. 비슷한 느낌이 떠올라 오래전 〈자비와 무자비〉라는 제목으로 한 신문에 실렸던 사설을 기억나는 대로 요약해보았다.

"어느 마을 모퉁이에 하루하루 동냥하며 근근이 먹고 살아가는 걸인이 있었다. 걸인은 풍족하지 않지만 매일 자신에게 베풀어지는 마을 사람들의 호의에 감사하며 그걸 자비라고 생각했다. 어느 날, 그 마을을 지나던 사람이 마을 사람들의 환심을 사기 위해 걸인의 동냥 그릇에 큼직한 금덩어리를 넣어주었다. 그 사람은 굉장히 부자라서 그 정도의 금덩어리는 있어도 그만 없어도 그만인 부자였다. 하지만 그 금덩어리를 받은 걸인은 '나에게 왜 이러는 것이냐'며 두려움에 그 구걸함을 버려두고 그 사람이 보이지 않는 곳으로 숨어버렸다."

사설의 제목으로 보아 자신만의 기준으로 상대를 헤아리지 못한 친절은 무자비한 것이라는 주제가 아니었나 싶다. 사정을 모르는 민감하고 냉소적인 걸인의 반응도 재미있다. 농부가 씨앗에 물을 준다. 정성스럽게 물을 주고 있다. 하루 한 번씩 꼬박 물을 주었다. 하지만 농부의 생각과는 다르게 씨앗이 모두 썩어 버렸다. 농부는 깨달았다. '아하, 과하면 죽는구나!'

나. 실수하면서 성장한다

교육은 '따라 하기'에서 시작되었다고 한다. "아이는 부모의 뒷 꼭지를 보고 자란다."고 하는 것은 이런 따라 하기 교육의 중요성을 이야기하는 것이다. 어린아이가 걸음마를 시작할 때, 옹알거리며 말을 시작할 때, 신발 신고 벗기 시작할 때, 학교 친구들과 글쓰기를 시작할 때. 모든 배움은 따라 하기로 시작되고 오랫동안 되풀이되면서 습관으로 자리 잡는다. 따라 하기는 실수와 실패가 필수적으로 필요하다. 단번에 성공하는 경우는 기적이 일어났거나 어느 누가 해도 할 수 있는 경우뿐이다. 보통은 수십 번, 수백, 아니 수천, 수만 번씩 실수와 실패를 거듭하고, 이를 통해서 자신만의 방법을 찾아 숙달되게 연습해서 마침내 할 수 있게 되는 것이다.

실패 부담 줄여주는 솔선수범이 명약

나는 부서 동료들에게 "업무를 잘하고 못하는 것보다는 수행하는 태도를 더 중요하게 생각한다."고 말한다. 이 표현에는 두 가지의 의미를 내포하고 있는데, 실수와 실패에 대한 부담을 줄여주고 싶은 마음이 하나이고, 또 다른 하나는 실수와 실패를 적극적으로 해결하려는 업무수행 태도를 가져 달라는 요청이다.

사소한 실수를 자주 저지르던 사람도 정확한 피드백이 있다면 실수를 반복하지 않으려고 노력할 것이고, 업무 성취감도 실수와 실패의 횟수에 비례해서 높아질 것이다.

리더는 교육자가 아니다. 가르치고 훈계할 수 있는 사회적 분위기도 아니다. 실수와 실패를 지적하고 문책하면서 문제를 해결할 수 있는 것도 아니다. "뒷 꼭지를 보고 배운다."는 말에서 솔선수범이 동료들을 성장시킬 수 있는 최선의 의사전달 방법이라는 사실을 깨닫게 되었다.

리더도 실수한다. 하지만 실수를 인정하고 다음에는 실수하지 않으면 된다. 실패하면 실패를 경험 삼아 성공의 방향으로 한 걸음 더 나아가면 되는 것이다. 서로의 실수와 실패를 인정하고 용기를 주는 것이 성장하는 지름길이다.

다. 모두 당신 덕이다

성과 가로채기라는 말을 들어본 적이 있는가? 직장인의 애환을 다룬 드라마에 단골로 등장하는 소재다. 뜻 그대로라면 남이 이루어 낸 결실을 옳지 않은 방법으로 빼앗는 것이다. 도둑질이라는 말이다. 남의 물건을 훔치는 것뿐만 아니라 남이 이루어낸 결실과 보람을 빼앗는 것도 도둑질이다.

동료가 고생고생해서 만들어 놓은 기획서에 공동작성자로 이름을 올리는 것도 가로채기요, 오랫동안 준비해서 진행하는 행사 당일 말끔하게 양복을 차려입고 높으신 분들의 옆자리를 지키는 것도 가로채기다. 우리는 업무 가로채기가 무엇인지 일일이 예를 들지 않아도 알고 있다. 누구나 한두 번은 당해본 경험이 있기 때문이다.

업무 담당자는 실무 전문가다. 리더는 전문가를 적재적소에 충분한 능력을 발휘할 수 있도록 배치하고 조율하는 사람이다. 리더에게는 여러 업무가 한꺼번에 쌓인다. 꼬박 한 가지 업무만 수행할 수도 없는 것이 현실이고 담당자보다 더 잘할 수 있는 업무라면 리더가 조율할 필요도 없다. 그냥 리더가 처리하면 된다.

어떤 업무를 담당자가 성공적으로 추진했다면, 담당자만의 성공인가? 리더만의 성공인가? 이도 저도 아니라면 누구의 성공인가?

큰 사람 곁에 있으면 덕 볼까?

'인장지덕 목장지패(人長之德 木長之敗)'라는 말이 있다. 큰 사람 옆에 있는 사람은 덕을 보지만, 큰 나무 아래에 있는 나무는 피해를 본다는 뜻이다. 리더는 동료들에게 반드시 덕을 베풀어야 한다는 말로 느껴진다. 여기서 덕은 인격적인 마음, 도움, 이익, 능력, 배려 등과 같은 긍정적인 베풂을 의미한다. 그럼 덕이라는 것은 리더만이 베풀 수 있는가? 동료들이 리더에게 베풀면 안 되는가?

공동체에서 리더와 동료 간에 베풀어야 할 덕이라는 것이 무엇인지 이해를 돕는 차원에서 EBS 지식채널e에서 방송된

〈늑대들의 합창〉이라는 제목의 영상 속 대본을 정리하여 요약해보았다.

"합창! 정탐을 떠났던 우두머리의 귀환, 적당한 사냥감을 발견하지 못한 우두머리, 우두머리의 선창, 무리에 대한 슬픔과 걱정을 담은 울음! 이어지는 무리의 대답! 우두머리에 대한 격려를 담은 메시지! 늑대 무리가 다시 유지된다. 늑대들의 우두머리 선택 기준, 공동체의 생존! 늑대의 우두머리, 늑대의 리더!"

이 영상을 보면서 절절하게 느낀 점은 생존하기 위해서는 나눠야 한다는 것이다. 덕은 베푸는 것이다. 나누는 것이다. 그래서 내가 살아가는 것은 모두 당신 덕인 것이다.

3. 감사한 마음으로 거두어라

리더가 거둘 수 있는 열매에는 무엇이 있을까? 막대한 부를 축적하여 억만장자가 되는 허황한 꿈? 아니면 조직의 발전에 기여한 공로를 인정받은 징표의 훈장? 날아다니는 새도 떨어뜨릴 수 있다는 권세? 나는 싫다. 하루하루 좋아진다는 성취감, 충분한 만족과 기쁨을 느끼고 있다는 행복감, 동료들과 서로를 이해하는 동질감, 나도 꽤 괜찮은 리더라는 자존감. 내가 거두고 싶은 열매는 결국 긍정적인 마음이다. 그렇다면, 여러분이 리더가 되어 거두고 싶은 열매는 무엇인가?

가. 오늘보다 나은 내일

'세기, 년, 달, 일, 시간, 분, 초', 시간 단위를 열거한 이유는 젊은 날 금연 계획을 세웠던 때가 떠올랐기 때문이다. 군대에서 담배를 시작한 뒤 한동안 담배를 피우다가 금연하기 위해 매년 초면 각오를 다져 금연 계획을 세웠고, 여지없이 작심삼일로 끝나고 말았다. 구겨 버린 담배만 모아도 과장을 조금 보태 중고차 한 대는 장만할 정도다.

그 하루를 버틴 것이 15년 금연

금연한 지 15년이 되어간다. 금연할 때 날마다 결심하고 새로 시작하고를 반복했던 기억이 난다. 이때 나는 하루가 시작되는 아침에는 '오늘도 금연이다.' 각오를 다졌고, 잠자리에 들기 전에 하루 종일 금연한 자신을 대단하게 생각했었다. 결과적으로 하루하루를 버텨 15년째 금연 중이다. 그 경험이 계기가 되어 하루를 단위로 나를 돌아보는 시간을 갖는 습관이 생겼다.

　처음에는 분 단위, 시간 단위였지만 점차 금연에 자신감이 쌓이고 하루라는 시간 동안 자신을 통제할 수 있는 능력이 생겼던 것 같다. 하루라는 시간은 감사하게도 밝음과 어두움이 나뉘어 있고 잠을 자고 일어난다는 물리적인 구분 점이 있어서 딱딱 떨어지는 느낌도 들었다.

　하루를 돌이켜 보는 습관이 일기 쓰기로 이어져 요즘은 내가 좋아하는 낙서와 함께 하루를 정리하고 있다. 하루를 정리하며 마주한 생각은 '이런 말 하지 말걸, 이렇게 행동하지 말걸'과 같은 후회와 반성이 대부분이었다. 하지만 점차 긍정적인 마음이 생겨 매일 나 자신이 나아지고 있다고 다독이곤 한다. 좋은 일이 생겼으면 좋은 대로 어려운 일이 생겼으면 나를 단련하는 기회로 생각하려고 노력하고 있다.

일기를 쓰는 것처럼 동료들과도 직장에서의 성취감을 공유하는 것은 어떨까? 매일 너와 나의 관계가 나아지고, 수행하는 업무에서도 조금씩 전문가가 되고, 당신이 있어서 내가 나아지고, 나로 인해 당신이 나아졌으면 좋겠다는 이야기를 나눠 보는 것은 어떨까?

성취감! 일기 쓰듯 동료와 나누는 정담

사실 동료들과 이야기를 나누는 일은 무척 힘이 든다. 싫은 소리 못하는 천성적인 기질도 있지만, 내 마음을 온전히 전달하지 못해 '서로 오해하고 불신할까!' 겁이 난다. 서로의 입장을 충분히 공감하면서 이야기해야겠지만 함께 이룬 성취감은 긍정적인 생각이니까 자연스럽게 서로 공감할 것 같다.

나. 괴롭지 않으면 행복하다

〈효리네 민박〉이라는 TV 프로에서 민박집을 찾은 대학생이 5수 끝에 대학을 들어가면 행복할 줄 알았는데 자존감이 떨어진다며 눈물을 보이는 장면을 보았다.

가수 이효리씨의 남편 이상순씨는 "군대만 제대하면 모든 것이 행복할 줄 알았다."고, 이효리씨는 "가수로 성공하면 행복할 줄 알았다."고 각자 기대한 행복에 관해 이야기한다. 이효리씨는 "행복해야 된다는 생각을 버리면 행복한데"라는 알 수 없는 말로 행복을 정의하며 안쓰러워한다. 이 장면은 "아프지 않은 것이 건강한 것이라면, 괴롭지 않은 것이 행복한 것"이라는 어느 스님의 말씀과 연결된다. 그 말씀은 나의 행복관을 많이 변화시켰다.

인터넷을 검색하다 보면 세상에 행복한 사람은 넘쳐난다. '맛있는 음식을 먹었다.', '남이 못 가는 곳에 가봤다.', '좋은 옷을 샀다.', '명문대학에 들어갔다.','내 복근 좀 보시라.', '우리 아이 이쁘죠!' 등등. 그런데 나는 별로 행복하지 않았다. 그래서 불행하다고 생각했다. 매일 똑같은 일상으로 특별할 것이 없는 삶을 살아가는 샐러리맨의 비애라고 생각하고 그러려니 수긍하며 살았다.

직장에서 어려움을 호소하며 힘들어하는 동료를 볼 때마다 '너만 힘드냐 나도 힘들다.'라는 말이 입안을 맴돌았고 직장은 누구라도 힘들게 다닌다고 생각했다. 직장 생활을 항상 즐겁게 하는 선배를 알게 되기 전까지는 그러했다. 선배는 맡은 바 직무에 탁월한 능력을 발휘하는 것은 말할 것도 없고, 마라톤, 기타, 플롯, 카혼, 자전거 등 취미부터 짬짬이 시간을 내어 중국어까지 공부하고 있다.

무엇을 많이 한다고 행복한 것은 아니지만, 행복하지 않은 사람이 이토록 즐겁게 많은 것을 할 수는 없는 일이다. 이뿐만 아니라, 그 선배는 동료와의 관계도 아주 원만해서 많은 직장 후배들의 존경을 받고 있다.

향기를 품은 리더

많은 끄들림으로 힘들고 어디론가 도망가고 싶었던 어느 날, 선배에게 안부 이메일을 보냈다. "오늘은 맴이 꺼이꺼이한 날이라 행복이 뭔지 생각하게 됩니다. 항상 즐겁고 하는 것이 많으신 팀장님~, 즐겁게 사는 방법 좀 알려주세요. 행복! 과연 뭔가요?^^", "좋았던 일만 생각하시면서 보내면 기쁜 일이 생길 겁니다. 편하게 소주 한잔 마십시다." 존경하는 선배로부터 돌아온 따뜻함이 묻어있는 답변이었다.

　행복한 사람이 보내온 글이라서 행복한 향기가 났다. 좋았던 일만 생각하며 보내라는 선배님의 글에서 행복은 큰 것이 아니라, 작은 것에서 오는 것이라고 알려 주시는 듯했다.

　나는 행복을 아주 특별한 것으로 생각하고 있었다. 선배의 글을 보면서, 리더는 동료들에게 이런 행복! 그냥 있는 것으로 행복한, 특별히 괴로울 것이 없어서 행복한, 그런 열매를 거두고 나누어야 한다고 깨달았다.

　직장에서 다른 동료들을 보면 똑같은 업무를 하면서도 활기차고 에너지가 넘치는 사람이 있다. 반면에 매사에 힘들고 어렵고 짜증을 내는 사람도 있다. 타고난 기질이야 어쩔 수 없겠지만 '우리 지금 잘하고 있다. 좋았던 일들 생각하면서 기쁜 일을 기다려보자.'라고 격려하며 격려받고 싶다. 나도 행복한 향기를 풍기는 리더가 되고 싶다.

다. 같이 갑시다

글을 집필하던 어느 날, 후배직원과의 갈등으로 생각과 다른 글을 쓰고 싶었다. '버리고 가고 싶다. 정말 이해가 안 된다. 내가 이렇게까지 해야 하나?' 뭐 이런 감정들. 조소할 일이다. '같이 갑시다.'로 리더십 실천전략을 세워놓고 버리고 갈 방법을 찾고 싶은 심정이었다는 것이 이해가 되지 않았다. 실천전략을 바꾸자! '혼자라도 갑니다.' 어떨까? 같이 갈 수 있는 걸까? 같이 가야 하나? 정말 같이 가기 싫은데 어쩌지? 별의별 생각이 떠오르고 거짓으로 글을 쓰기는 싫고 미칠 노릇이었다.

심호흡을 크게 한번 하고, 또 하고, 또 하고. 그렇게 여러 차례하고 나서야 '이런 상황이구나!', '이런 어려운 상황에서 같이 가야 하는구나!', '쉬운 상황에서는 누구나 다 같이 갈 수 있는 것이구나!' 라는 감정이 올라오는 것 같았다. '같이 가기는 가는데 심호흡이 정말 많이 필요하다.'가 정확한 실천전략이 아닐까!

동료의 이해·지지받으며 신나게 일하고 싶어요

동료들 각자의 다양성을 인정하고 같이 가야만 진정한 리더인 것은 두말할 것도 없이 맞다. 하지만 같이 간다고 해서 모든 것을 맞추면서, 참으면서 가는 것은 안 된다고 생각한다. 잠깐 쉬는 날도 있을 수 있고, 치고받고 싸우는 날도 있을지 모르겠다. 하지만 다름을 인정하고 같이 가려는 시도를 포기할 수 없는 것은 리더의 숙제 같은 것이 아닐까?

리더 혼자 목적지까지 성공적으로 갔다고 한들 리더에게 남는 것은 아무것도 없다. 혼자서 끝까지 성공적으로 갔다고, 능력 있는 리더라고, 어려운 환경에서 정말 대단하다고 생각할까? 다른 사람의 생각과 평가는 둘째로 치더라도 나한테 남는 것이 무엇인가? 목적지에 도착하는 시간이 늦거나 도착하지 못하더라도 같이 가고 있다는 것이 더 큰 의미인 것은 아닐까!

동료들의 이해와 지지를 받으며 신나게 일해보고 싶다. 나에게는 그것이 리더가 거둘 수 있는 최고의 열매라고 생각한다. "같이 갑시다! 정말 나, 당신이랑 같이 가고 싶은데 제발 내 이야기 좀 한번 들어봐 주실래요. 같이 가고 싶어요. Please!" 동료에게 지지받는 상상만 해도 눈물이 난다. 평소 지지를 받아본 경험이 없거나 갱년기임에 틀림이 없다.

수 다 리 더 십

묵묵히 들어주는 놀라운 힘, 경청

김 건 철 | 행복을 추구하는 긍정주의자

A부터 Z까지 학생들의 모든 것을 살피고 함께 한다. 행복을 추구하는 긍정주의자로 삶의 목적은 행복이어야 한다고 주장한다. 가장 중요한 행복요소 중 하나는 먹는 즐거움이고, 이 세상에 음식은 단 두 가지만 존재하는데, 한가지는 맛있는 것이고, 다른 한 가지는 더 맛있는 것이라 한다. 긍정적인 사고의 끝판왕이다.

kckim65@kaist.ac.kr

Chapter 4

수다 리더십

대화 분위기를 띄워라. 수다를 매개로 상대방과 조화를 이루어라. 수다 리더십은 팀장과 팀원이, 팀원과 고객이 소통하여 조직이 나아갈 방향으로 공감대를 형성하는 것이다. 잘 적응하면서 살았다고 나 자신을 평가하는 것이 과찬일까? 칭찬이라도 싫지는 않다. 그 함축된 의미의 칭찬론이 대체로 내가 풀어나갈 '수다론'의 목적지다.

말수 적었던 사람이 던지는 특별한 수다

"좀 웃으세요, 그리고 말 좀 하세요" 곧바로 충정 어린 호소는 이어진다. "숨 막혀 죽을 것 같아요." 30여 년 전 군에서 전역할 때, 후임병에게 내가 직접 들은 지청구다. 훈계조의 이야기를 듣는 순간 무엇인가에 한 방 맞은 것 같았던 느낌이 지금도 생생하다. 마치 '웅변은 은(銀)이요, 침묵은 금(金)이다.'라는 말을 좌우명으로 실천하는 사람처럼,

아무튼, 그때까지 난 그랬다. 그러다 보니 인간관계의 깊이는 있었으나, 폭은 넓지 못했다. 대화하는 친구들은 늘 정

해져 있었다. 나는 몰랐어도 다른 사람에게 접근을 쉽게 허용하지 않았을 것이다. 그토록 난 원래 말이 없는 사람이었다. 그랬던 내가 '수다' 리더십을 이야기한다. 아이러니다. 돌이켜보면 전역 후 나는 나를 변화시키기 위해 무던히 애썼던 것 같다. 복학하여 학교생활에서 교우 관계의 폭을 넓히려고 노력한 것이 그랬고, 사회 초년병으로 취업 후 신입직원으로서 마다하지 않은 생존을 위한 적응이 그랬다. 뜻하지 않게 IMF를 겪으면서 두 차례 전직하면서도 마찬가지였다.

사람은 환경에 적응하면서 살기 마련이다. 내겐 많은 변화가 있었고, 나름 잘 적응하면서 내 인생의 중심에 지금도 굳건하게 서 있다. 잘 적응하면서 살았다고 나 자신을 평가하는 것이 과찬일까? 그 함축된 의미의 칭찬이 지금부터 풀어나갈 '수다론'의 목적지다.

1. 수다로 공감하라

스트레스엔 수다가 특효약이라고?

공통 주제 찾아주고 한 가족으로 만들어줘

핵심 이해할 때까지 묵묵히 들어주는 경청의 놀라운 힘

가슴 열고 귀 기울이니 어느새 같은 편

가. 수다를 떨어라

KAIST의 사무 공간은 각양각색이다. 7평도 되지 않는 아담한 공간부터 50여 평의 사무 공간도 있다. KAIST 팀장으로서 첫 사무실은 전자인 아주 아담한 공간이었다. 그 공간에서 5명이 함께 일한다. 그렇다고 7평을 5로 나눈 7/5평이란 공간이 전부 개인 공간도 아니다.

각종 서류를 넣는 책장이 빼곡히 있음을 계산하면 개인적인 사무 공간은 상상이 갈 것이다. 나는 그곳에서 몇 년간 우리 직원들과 나눈 흐뭇한 추억을 고이 간직하고 있다. 달리 표현하면 아기자기한 공간에서 가족같이 지낼 수 있었다. 옆사람 숨소리까지 들릴 정도의 작은 공간이다 보니, 가만히 앉아 귀동냥 만으로도 반 수다를 떠는 효과가 있었다.

'A의 집에는 요즘 어떤 경사가 있고, B의 집에는 어떤 고민이 있으며, C는 요즘 업무와 관련하여 다른 부서 D와의 갈등으로 고민하고 있다'라는 것을 체감하거나 짐작하는 일이 그리 어렵지 않았다. 가족 같은 분위기가 자연스레 조성되고 늘 같이 식사를 하며 수다를 떨다 보니 점점 식구(食口)가 되어갔다. 수다는 한 가족으로 가는 첩경이었다.

누구라도 그러하듯이 인사이동으로 사무실을 옮기면 처음엔 너무 어색하다. 당연하다. 아직 동료들과 공감하는 부분이 형성되지 않았고 함께 밥을 먹은 것도 아니니까. 그 과정에서 가장 빨리 적응하고 공유하는 주제를 만들어가는 손쉽고 효율적인 방법은 무엇일까. 나는 그것이 수다가 아닐까 생각해 본다.

예로부터 전해 내려오는 말 중에 잘되는 집엔 웃음이 떠나지 않는다는 말이 있다. 그뿐인가. 아내가 없는 방은 휑하고 넓어 보인다고 했다. 사람이 있고 웃음이 있으면 수다스럽기가 쉽고 수다가 끼면 모든 것이 오케이다. 따지고 들면 온갖 스트레스 해소에 수다만큼 효험이 빠른 보약이 또 있을까.

이렇듯 수다가 동료들 모두에게 조화를 이룰 때 팀은 소통할 수 있다. 팀 분위기는 나날이 밝게 살아있고, 서로의 수다를 밑거름 삼아 조직이 원활하게 기동한다. 모두 무엇이 그리 좋은지 개강, 입시, 인사, 행사 등으로 정신없이 쳇바퀴

도는 일상 속에서도 우리는 늘 그렇게 웃음이 있는 수다와 함께한다. 힘든 일도 적지 않았으나 팀원 서로를 배려하면서 나누는 감초 같은 수다가 마음을 편안하게 한다. 그렇게 평안한 일상이 만들어졌다.

나. 그냥 들어주어라

같이 일하고 싶은 직원이 있었다. 그런데 그 직원이 보기에 우리 팀은 선호하지 않는 부서였다. 그러다 보니 당사자는 무척 고민스러웠나 보다. 그래서 여러 차례 만남과 대화로 묻고 들었던 기억이 있다. 직원이 걱정하는 것이 무엇이고, 원하는 것이 무엇인지. 왜 지금 이런 대화를 하는 것인지. 이야기를 들어주다 보니 모든 것이 순조롭게 정리됐다. 상대방의 수다를 들어주는 것이 설득이고 이해인 셈이다.

그동안 많은 사람과 수다를 주고받았다. 직원뿐 아니라 학생들과도 수다가 많이 있었다. 민원부서에 오랫동안 근무하다 보니 자연스럽게 그런 기회가 많이 이어진 것 같다. 그때마다 먼저 들었다. 핵심을 이해할 수 있을 때까지 맞장구를 치며 진지하게 들었다.

결론부터 말하자면 그것이 소통이다. 나는 상황에 따라 다른 사람의 수다를 잘 들어주는 편이다. 그리고 적극적인 반응으로 공감해 준다. 사실은 상대방의 수다를 듣고 있다 보면 공감의 접점이 자연스레 찾아온다. 신기하게도 그 수다라는 것을 들어만 주는데도 일이 순조롭게 마무리되는 경우가 대다수다. 많은 불만을 가진 학생이나 직원과 대화를 하다 보면 풀린다는 사실을 난 경험을 통해 배웠다. 불만이 있는 사람의 이야기는 들어주는 것만으로도 조금씩 해결되곤 한다. 대개는 찾아오는 사람도 본인(민원인)이 요구하는 그 민원이 원하는 대로 해결되기 어렵다는 사실을 알고 있다. 대화하는 상대가 역지사지로 본인의 입장이 되어 이해해 주면, 상대방도 내 입장을 자연스럽게 이해해 준다. 상대를 이해해주는 것이 공감이고, 해결책이 되는 것이다.

지금도 술술 답을 찾아 나간 그때 상황을 떠올리면 입가에 미소가 번진다. 남들이 꺼리는 민원부서지만 경청과 설득 앞에 장사는 없다. 서로 공감하는 순간은 좋은 기억으로 간직할 수 있어 피로가 사르르 녹는 유쾌한 추억이 되는 것은 덤이다.

다. 같은 편이 되어라

동료의식을 느끼고 같은 편 되는 것이 수다의 가장 큰 장점이자 보람을 주는 일이다. 상황에 따라서 가슴 펼치고 수다를 떨기도 하고, 귀를 열고 들어주기도 하지만 궁극적으로는 같은 편이 되는 과정이다. 앞에서도 언급했듯이 이해와 배려, 존중은 그 함의가 다르지 않다. 서로를 이해하고, 이해는 배려가 되고, 배려는 궁극적으로 존중이나 그 이상의 존경으로 통한다. 이것이 수다의 가장 큰 장점이다.

만약에 수다를 하지 않으면 어찌 될까. 우리는 침묵 속에서 상대방을 알 수 없다. 그저 관상이나 이미지 잔상으로 선입견을 만들어 낼 뿐이다. 그러다가 상대방은 변한 것이 아무것도 없는데, 스스로 그 사람을 재단하고, 평가하고, 마음속으로 열외 시키는 우를 범할 수도 있다. 그것이 무서운 살생부가 되지 말라는 법은 없다. 생각만 해도 얼마나 끔찍한 일인가?

수다를 통한 소통의 의미를 되짚어보자. KAIST 민원부서에서 근무하다 보면, 민원-불만-이의제기 등 나름대로 많은 생각을 품고 찾아오는 민원인들과 만난다. 찾아와서 일정이나 규정 등 본인이 지켜야 하는 의무에 대해서는 들으려 하지 않고 본인 이야기만 하는 경우가 다반사다. 그런 경우 똑같이 나도 내 주장만 하면 절대 타협이나 같은 편이 될 수 없다. 경험담 하나를 이야기한다. 개강 후 수강 신청변경 기간이 종료된 다음 날 이야기다. 한 민원인이 팀에 찾아와 담당 직원에게 무엇인가 요청을 하고 있다. 들어보니 학사일정을 지키지 못한 본인의 사정만 이야기를 계속한다. 담당 직원도 일정이 이미 지났으니 받아 줄 수 없다는 이야기만 반복한다. 그도 그럴 것이 직원에게는 권한이 없다. 아니, 그 누구도 권한은 없다. 일정 마감 후 하루는 인정해주고, 그다음 날은 인정해주지 않는다면 누가 봐도 명백하고 정당한 처리가 아니다.

그러나 민원인이 그것을 쉽게 인정할 리 만무하고, 바로 인정할 것 같으면 처음부터 방문하지도 않았을 것 같은 기세다. 방문한 고객은 계속해서 처리를 요구하고, 안된다는 담당자의 말에 누구(상급자)에게 이야기하면 되는지 줄기차게 묻기 시작한다.

내가 출동할 시간이다. 그 장면을 보고 있다가 조용히 민원인을 내 자리로 안내한다. 그리고, 그때부터 나와 민원인의 수다(대화)가 시작된다. 아니 조금 더 정확하게 표현하면 민원인의 하소연이 시작되는 것이다.

민원인의 주장은 대개 5분 미만이다. 민원인의 수다를 들어보면 대부분 수긍은 간다. 그래서 민원인의 1차 주장이 끝나기를 기다렸다가 가능하면 적극적인 맞장구를 친다. 왜냐하면, 진심으로 이해도 되고 공감도 되기 때문이다.

다시 정리하면 민원인이 왜 찾아와서 이야기하는지 알 수 있다. 민원인의 주장은 1차로 끝나지 않고, 2차에는 조금 더 살을 붙이기 시작한다. 그런데, 그 주장도 오래 하지는 않는다. 민원인에게도 본인이 주장하는 대로 된다는 확신이 없기 때문이다. 대화를 해보면 많은 경우, 오래 지나지 않아도 민원인 스스로 우리 측 입장을 충분히 이해하고 돌아간다.

글에서 볼 수 있듯이 나는 찾아온 사람의 민원을 해결해주지는 못한다. 그러함에도 불구하고 민원인은 더이상 항의하지 않고 스스로 돌아간다. 이유는 아주 간단하다. 서로 수다를 떠는 사이에 우리는 같은 생각을 하는 사이가 되어있기 때문이다. 엄밀하게 말해 내가 민원인의 편이 된 것이라는 표현이 더 옳을 듯하다. 같은 편은 더 싸울 필요가 없다.

2. 공감으로 조화롭게 하라

부부싸움 했어도 종일 웃어야 하는 리더의 숙명

화사한 날보다 고민하는 날 더 많아

가려운 등 긁어주며 다독이기

평등과 형평을 아우르는 그대 이름은 公正

가. 소통으로 알아채라

누구에게나 한웅큼의 걱정과 근심은 있다. A는 요즘 업무 때문에 스트레스를 받고, B는 인간관계로 인해 갈등하고, C는 개인과 가족의 건강문제로 걱정이 크고, D는 가정사로 목하 고민 중이다. 우리는 그것을 눈치채고 있는가!

엄밀하게 따져보자. 삶을 돌아보면 좋을 때 보다 고민하고 걱정하는 시간이 훨씬 길다. 그런 생각은 나 뿐일까? 그동안 KAIST에서 근무하면서 그 풍상만큼의 고민을 접해본 기억이 있다. 사람은 누구나 무엇인가 감추려는 경향이 있다. 바꾸어 이야기하면 좋은 것을 더 드러내고자 한다.

페이스북이나 인스타그램을 보면 그 부분이 더 극명하게 표현되어 있다. 그 안에는 언제나, 늘, 항상, 주로 멋진 풍경과 행복한 표정, 그리고 격조 있게 맛있는 음식이 올라와 춤을 춘다. 그러나 그것이 전부가 아니라는 사실을 우리는 알고 있다. 집에서 부부싸움을 하고 나서 출근해도 우리는 종일 웃고 지낼 수밖에 없지 않은가? 그게 삶이다.

재벌, 톱스타, 전문분야 1인 자들. 이들은 아무런 고민 없이 행복하기만 할까? 그런 사람이 되어보지 못해 잘 모르지만, 식자들의 이야기를 접해보면 전혀 그렇지 않다. 오히려 우리보다 더 많은 근심 걱정으로 밤잠을 이루지 못하는 경우가 많다. 아마도 가진 것이 많을수록 놓치거나 잃지 않으려 더 꼭 쥐고, 고민과 번민도 곱절로 많을 것이다.

오히려 적당한 근심과 걱정 그리고 약간의 긴장감은 우리 삶의 활력소로 작용하는 것 같다. 그것은 부족한 부분을 채우기 위해 노력하기 때문은 아닐까! 주위에서 구성원들이 각양각색의 고심과 어려운 상황을 겪고 있다면 접촉과 소통을 통해 그것을 알아채는 것도 리더로서 갖추어야 할 덕목이 아닐까 생각해 본다.

나. 가려운 곳을 긁어주어라

리더의 역할 중에 알아채는 것보다 더 중요한 것이 가려운 곳을 긁어주는 일이다. 이것은 모두가 공감하는 부분일 것이다. 그러나 현실은 어떤가? 우리는 누구나 고민과 걱정을 지니고 살아간다. 때로는 그것이 조그마한 물결이듯 잔잔하게 다가올 때도 있고, 세상을 다 삼킬 것 같은 충격으로 다가오기도 한다. 근심이 있고, 걱정이 있고, 머릿속이 복잡한데 정상적인 업무를 수행하는 것은 쉬운 것이 아니다.

그런데 긁어줘야 할 가려움 중에는 관여할 수 있는 것이 있고, 그렇지 못한 것, 그러지 말아야 할 것 등이 있음을 살아가면서 알게 되었다. 관여할 수 있는 것에 국한해 생각해 보자. 기쁨을 나누면 두 배가 되고 슬픔을 나누면 절반이 된다는 속담이 있다. 선조들의 이야기 한마디 한마디가 그른 것이 없듯, 되새길수록 가치 있고 옳은 말이다. 때로는 공개적인 칭찬으로 기쁨을 두 배로 만들고, 때로는 진솔한 대화를 통해 어려움을 함께 나누다 보면 상대방은 그의 진면목(眞面目)을 보게 된다.

수다를 하면서 이상한 점 하나는 무엇인가 도움을 주고자 시작한 대화에서 오히려 내 마음이 더 평온해진다는 사실이다. 특히, 학생들과 대화하다 보면 그런 측면이 더 강하다. 경제적으로 어려움을 겪는 학생이 부모님께 손 벌리는 것이 부담스러워서 끼니를 거르는 경우도 보았고, 갈등으로 서로 힘들어하는 학부모와 학생, 학업 스트레스로 어려움을 토로하는 학생, 다른 사람과 어울리는 것이 힘들다는 학생, 게임에 푹 빠져 수업을 거르는 학생 등. 그들에게 나름대로 도움을 주거나 역할을 한 적도 있고, 앞으로도 그렇게 하고 싶은 마음이 간절하다.

이 책에 굳이 이 글을 삽입하는 이유는 경제적인 문제로 학업이 방해를 받는 일이 이공계 최고의 상아탑인 KAIST에서만큼은 없었으면 하는 바람이 간절하기 때문이다.

또한, 긁어주기를 하면서 고민하는 부분은 상대방의 마음을 더 다치지 않게 해야 하고, 그로 인해 다른 사람에게 피해가 가지 않아야 하며, 위안을 얻고 마음의 평안을 얻어 열심히 살아갈 수 있도록 해야 하기에 그렇다.

다. 평등과 형평을 안배하라

Equality의 사전적 의미는 '평등, 동등, 균형, 공정'이고 우리말로 평등이다. 우리말로 찾아본 평등의 사전적 의미는 '권리나 의무, 신분 따위가 차별이 없이 고르고 한결같음'이다. Equity의 사전적 의미는 '형평, 자산, 주식, 지분, 공정'이다. 우리말로 형평이고 형평에 대한 우리말의 사전적 의미는 '한쪽으로 치우치지 않고 균형이 맞음'이라고 정의되어 있다. 언뜻 생각하면 평등과 형평, 두 단어가 같다고 여겨지지만, 인터넷에서 쉽게 볼 수 있는 아래의 그림을 보면 생각을 어떻게 하느냐에 따라 엄청난 괴리감이 생기는 것을 우리는 알고 있다.

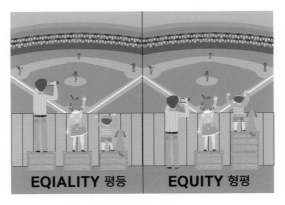

우리는 리더로서 동료나 학생을 어떻게 대하는 것이 옳을까! 평등하게 아니면 형평성을 맞추어? 아마도 대부분은 두 가지를 적절하게 안분 할 것으로 여겨진다. 물론 어느 쪽으로 조금은 치우치는 경향이 있을 것이고, 그것이야말로 리더의 성향에 따라 달라지는 것이리라.

개인별 차이는 엄연히 존재함을 우리는 알고 있다. 그것이 각자 개인이 노력해서 극복할 수 있는 부분이 있고 그렇지 못한 부분이 있을 수 있다. 기획을 잘하는, 응대를 잘하는, 감성이 풍부한, 배려할 줄 아는, 숫자에 경쟁력이 있는, 힘이 아주 센 등 각양각색의 장점을 우리는 지니고 있다. 이중에서 한 가지만으로 조직의 목표를 달성할 수는 없다. 서로 가지고 있는 장점을 조화롭게 이끌어 가는 것이 형평이 아닐까! 조율이라는 말이 맞는지 모르겠지만, 평등과 형평 사이에서 미세한 차이 때문에 팀의 분위기가 좋을 수도 나빠질 수도 있다는 생각을 하면 막연하게나마 부담스럽기도 하다. 사회가 복잡해질수록 각자의 생각도 다양해질 것이므로 리더의 역할도 그만큼 더 복잡해질 것이다. 그렇다 하더라도 리더는 자기만의 방식으로 평등과 형평을 적절하게 안배하여 조화를 만들어 내는 것이 필요하다 할 것이다.

3. 조화로움으로 해결하라

대립과 충돌을 이해와 공감대로 이끄는 팀치

부서가 추구하는 방향에 대한 이정표

물흐름 살펴보는 것은 방치 아냐.. 제 역할 다하면 최상

지나친 간섭보다는 톱니바퀴가 제대로 돌도록 동기부여가 바람직

가. 방향과 목표를 공유하라

'세상의 중심에서 세상을 움직이는 최고의 과학기술대학' '고급 과학기술 인재 육성' 이것은 KAIST의 '설립이념'과 '설립목적'의 한 대목이다. 행정을 하는 사람은 무엇을 어떻게 하든지, 그것이 KAIST를 위하는 것인가? 라는 반문을 해보면 된다고 배웠다. 그다음이 본인이 속한 근무부서가 아닐까 한다.

팀을 옮길 때마다 나름대로 방향을 설정하기 위하여 목표를 정한다. 학생의 불만을 최소화하는 OO팀, 원칙(규정)을 지키는 OO팀, 학생의 행복한 생활을 추구하는 공정한 OO팀. 팀의 특성에 맞추어 가장 합리적인 방향으로 만족도를 높이기 위한 것이 첫 번째 목적이고, 팀원들이 팀장의 생각을 공유해 주길 바라는 마음이 두 번째 목적이라 할 것이다. 목적한 바를 공유하기 위해 팀원들에게 이를 공지하고, 문서와 이메일의 꼬리말에 쓰도록 유도하기도 하지만 강요는 하지 않는다. 기관을 만들 때, 건축물을 건축할 때, 그리고 프로그램을 개발할 때 등 앞서서 해야 하는 것 중 가장 중요한 것이 설계일 것이다. 설계를 어떻게 하느냐에 따라 본 건축이나 프로그램의 완성도가 천양지차임은 두말할 필요가 없다.

나는 부서를 운영하는 것도 같다고 생각한다. 방향설정을 어떻게 하는가에 따라서 부서의 생산성이나 서비스의 질이 실제로 많은 차이가 있다고 믿는다. 그래서 언제부터인지 보고서와 이메일의 꼬리말에 부서에서 정한 목표를 사용한다. 발송한 이메일이 회신 될 때 꼬리말을 한번 보면서 과연 내가 잘 실천하고 있는지 생각하게 된다.

나. 물 흐르듯 내버려 두어라

30여 년 직장 생활 속에 터득한 사실 중 한 가지는 시스템이 잘 갖추어진 조직은 내버려 두어도 어긋나지 않는 톱니바퀴처럼 미끄러지듯 목표를 향해 잘 나아간다는 것이다. 이런저런 어설픈 참견은 '사공이 많으면 배가 산으로 간다.'는 속담처럼 예상하지 못한 결과를 초래할 수도 있다. 그렇다면 물 흐르듯 내버려 둔다는 의미는 무엇일까? 방임과 방치를 뜻하지는 않는다. 나름대로 생각해보면 그것은 자율과 책임을 가미한 역할이다. 어떤 일이든 실무에 대한 정보나 세세한 사항은 담당자가 가장 잘 알고 있게 마련이다.

실무 라인에서 업무 대부분은 처리가 되고, 의사결정이 필요한 부분만 관리자가 관여하면 무난하다. 실무담당자, 팀장, 처장, 부총장, 총장의 라인 중 본인의 역할에 자율과 책임으로 최선을 다한다면 조직은 순풍에 돛 단 듯 잘 돌아갈 것이다.

학교 이전인 사기업 근무 시절이다. 지금도 조직은 치열한 경쟁 속에서 생존 및 발전을 위해 최선을 다하지만, 외환위기 시절 사기업은 그야말로 전쟁터였다. 발행한 수표나 어음에 대한 결재를 위해 툭하면 은행에 가곤 했는데, 지금 돌이켜 보면 그 당시 그곳이 인생 최대의 격전지였다는 생각을 하게 된다.

굳이 좋은 것도 아닌 당시의 기억을 소환하는 것은, 그러한 격랑의 상황 속에서도 하루하루가 물 흐르듯 흘러간 것을 떠올리고 싶기 때문이다. 처음엔 마음이 급하고 자금을 조달하지 못할까 봐 발을 동동 구르며 초조한 날들을 보냈지만, 스스로 억지를 부려 해결할 수 있는 것은 아무것도 없었다. 자금의 총량을 집계한 후 잉여자금과 부족한 부분을 차례대로 맞추어야 끝을 볼 수 있는 일이기 때문이다.

무엇인가를 기획하고 새로운 것을 만들어 낼 때는 목표를 정확하게 정한 후, 실행 과정에서 실무자의 의견을 다양하게 수집하는 것도 아주 중요한 절차라는 것을 기억하고 싶다.

다. 동기를 부여하라

연말이 되면 고민스러운 일들이 마치 저요! 저요! 하고 손 들듯 기다린다. 1년간 동고동락을 해왔는데 적군도 아닌 아군에 대해 평가를 해야 하는 심판의 시간이다. 팀장에게는 고역이고 고통의 시간이다. 인사고과나 포상추천 등은 연말연시에 집중하여 처리함으로 고민의 기간은 결코, 짧지 않다. 리더라면 누구나 경험해야 하는 힘든 날들이다.

평가의 주체인 기관으로 보나 객체인 개인으로 보나 아주 중요한 업무다. 더 객관적이고 투명해야 하는 이유다. 더 고민스러운 것은 고과와 포상이 함께 움직인다는 사실이다. 고과를 잘 받은 직원에게 포상이 따라오는 것은 당연한 이치 아닌가. 좀 덜 열심히 하고, 태도나 업무량이 확연히 구분되는 경우에는 좀 수월하겠지만 어디 세상 이치가 쉽기만 하던가. 나름대로 한 해 동안 모두 열심히 근무하고 고생했는데 우열은 가려야 한다. 고과는 상대평가이다 보니 어려움이 더 크다.

이러한 부분을 고민해서 처리해야 하는 것도 우리의 중요한 역할이다. 당근과 채찍 중 당연히 당근이 효과적이라 생각한다. 물론 채찍이 필요할 때는 과감하게 벌하는 것이 효과가 배가되는 것도 사실이다. 그중에서도 아주 중대한 과실에 대해서는 일벌백계(一罰百戒)도 꼭 필요할 것이다. 잘 굴러가는, 즉 시스템이 잘 갖추어진 조직에서의 리더 역할은 상대적으로 중요하지 않다. 간섭하지 않고 필요시에 의사결정 정도만 해주면 그만이다. 거기에 적당한 동기를 부여한다면 조직은 아주 탄력적으로 톱니바퀴처럼 잘 돌아간다. 조직이 그렇게 가동되도록 하는 것이 우리 리더의 역할이다.

주제와는 조금은 거리가 있다는 생각이 들기도 하지만 중요하게 생각하는 한 가지가 또 있다. 전보나 퇴직 등으로 부서를 떠나는 동료에게 섭섭하지 않게 하는 것이다. 그 부서나 카이스트에 대한 기억을 좋게 간직하길 바라기 때문이다. 회식이나 송년회 자리에 떠난 직원들을 초청하여 내 나름대로 떠나보낸 마음의 AS를 시행하곤 한다. 이것도 현재 직원에게 동기를 부여하는 목적도 있다.

어느 선배가 내게 가르쳐 준 이야기를 나도 독하고 뜨거운 마음으로 리바이블(revival) 하고 싶다. 무슨 일을 하든 내가 지금 하는 일이 과연 KAIST를 위한 것인가? 라는 물음에 "그렇다."라고 대답할 수 있으면 과감하게 추진하라.

아 모 르 파 티 리 더 십

나와 우리를 존중하면 '행복 시작'

마 세 영 ｜ 운명의 주인공은 "나야 나"

파랑새를 찾아서 이산 저산 다 돌아다니다가 집에 돌아와 보니 파랑새는 우리 집에 있었
다. 상황이 긍정적이지 않은 것이 아니고 바라보는 관점이 더 부정적이지는 않았는지 돌
아본다. 마음을 돌이키면 행복은 나의 내면에서부터 나온다. 운명을 만들어가는 주인은
바로 나인 것이다.

seyoungma@kaist.ac.kr

Chapter 5

아모르 파티 리더십

"운명을 사랑하고 자신에게 주어진 고난과 어려움에 대해서 수동적이 아닌 적극적인 대처를 통하여 삶 전체와 세상에 대해 긍정하고 그에 대한 본인의 책임을 다하면서 살자"는 것이다.

내 운명을 사랑하며 당당하게

아모르 파티(amor fati)[1]는 라틴어로 운명에 대한 사랑을 의미한다. 이는 운명에 순응하고 굴복하라는 뜻이 아니다. 벌어지는 모든 일은 받아들이고 인정하는 데서 출발하자는 것이다. 운명을 사랑하고 주어진 고난과 어려움에 대해서 수동적이 아닌 적극적인 대처를 통하여 삶 전체와 세상에 대해 긍정하고 그에 대한 본인의 책임을 다하면서 살자는 뜻일 것이다.

---

1   아모르 파티(amor fati) 또는 운명애(運命愛)는 "운명의 사랑", "운명에 대한 사랑"으로 번역할 수 있는 라틴어 어구이다. 고통, 상실, 좋고 나쁜 것을 포함하여 누군가가 자신의 삶에서 발생하는 모든 것이 운명이며 그 운명을 받아들이고 그것을 사랑한다는 것을 뜻하며, 아모르 파티는 이에 대한 태도를 기술하기 위해 사용된다. 아모르 파티는 누군가의 삶에서 일어나는 사건이나 상황을 받아들인다는 것이 특징이다. <위키백과>

살다 보면 불편한 것도 불공정함을 당하는 것도 우리 삶의 일부분이고, 사랑에 배신당하는 경우도 생긴다. 이걸 어떻게 극복하고 개선하느냐가 우리가 할 수 있는 일이지, 불평하고 억울하다고 화내며 우는 것으로 상황이 나아지지는 않는다.

사는 것은 누구와 경쟁을 해야 하는 것이 아니다. 판단하고 평가받을 필요도 없다. 누구의 인정이나 남들이 원하는 기준에서 조금은 자유를 누려도 좋을 것 같다. 당당하게 내 인생 살면 되는 것이다.

1. 스스로의 날개로 날아라

헤르만 헤세(Hermann Hesse)[2] 의 작품 <데미안>에서 마지막 부분

에 싱클레어가 데미안에게 이런 말을 한다. "네 안에 이미 내가 있다. 너

자신을 들여다보면 나를 만날 수 있고 너 스스로 이제 이겨낼 수 있다."

---

2 독일의 소설가·시인. 단편집·시집·우화집·여행기·평론·수상(隨想)·서한집 등 다수의 간행물을
  썼다. 주요 작품으로 《수레바퀴 밑에서》(1906), 《데미안》(1919), 《싯다르타》(1922) 등이 있다. 《유리알 유희》로
  1946년 노벨 문학상을 수상하였다. <두산백과>

이는 우리는 남에게 배우고 의지하면서 살아야 하는 시기가 있지만, 일정 기간이 지나면 스스로 결정하고 책임지고 본인의 삶을 살아야 한다는 뜻이 담겨 있을 것이다.

책임을 진다는 것은 어른, 즉 독립된 성인이 된다는 의미이다. 독립 없이는 올바른 자아와 자존감이 생길 수 없다. 책임에는 두려움과 걱정이 필연적으로 수반된다. 그 두려움과 걱정을 감수하고 견뎌냄으로써 스스로 날갯짓을 할 수 있다. 그것이 두렵고 걱정스러울지라도 우리는 자기의 삶을 살 수밖에 없다. 더 나아가 누군가가 배우고 의지할 수 있는 사람이 되어 간다면 더없이 좋을 것이다. 책임에 대한 두려움을 받아들이면 자신감이 생기고 드디어 스스로의 날개로 활강하며 멋지게 원하는 인생을 살게 될 것이다.

가. 흐르는 강물처럼...

두 종류의 사람이 있다고 한다. 바라는 것은 많은데 열심히 하지 않는 사람과, 열심히 하지만 바라지는 않는 사람. 해야 할 일을 허세를 부리며 하는 사람이 간혹 있다. 누군가의 시선이나 인정에 집착할수록, 그리 안 될까 봐 불안해지고, 안되면 서운해지기에 자기도 모르게 남에게 떠벌리고 칭찬을 기대하는 것일 거다. 그런다고 그런 사람이 바라는 대로 되던가? 인생(人生)은 오래 살면서(生) 하루하루가 쌓여서 한 사람(人)이 되는 것이다.

묵묵히 자연스럽게 내 일을 하면 결과는 드러나게 된다. 좋아하는 일을 하면 그보다 더 바랄 게 없겠지만, 세상살이는 원치 않아도 해야 하는 상황이 있고, 우리는 매일매일 그런 상황을 선택해서 살아간다. 내가 먹는 것, 입는 것, 노는 것, 일하는 것, 나의 선택으로 하는 것을 다른 사람이 알아주기를 바라지 않는다면, 무리해서 맞춰야 할 필요도 없고 속이 상하지도 않고 편안하다.

그럼에도 자꾸만 부정적인 생각이 들 때는 다른 사람들에게 이해받기보다 나의 자존감을 충전해서 이겨내는 방법이 효과가 있다. 어차피 우리는 타인을 완전히 이해하지 못한다. 같이 사는 가족도 이해 못 할 행동이 얼마나 많은가 생각해보면 서로 이해하지 못하고 이해받지 못하는 당연한 일들 때문에 우리가 고통받을 필요는 없다.

가끔은 숨기고 싶은 내가 드러날 때는 끊임없이 설명하고 변명하면서 감추고 싶어진다. 그리고 보면 그 허세 부리는 사람이 다름 아닌 바로 나인 듯하다. 요사이 나는 커밍아웃을 하나씩 하나씩 하면서 심신이 홀가분해지는 것을 느낀다.

"그냥 너답게 하면 되는 거야"

입시 면접을 보러오는 학생들이 너무 긴장해서 경직된 경우를 많이 본다. 한번은 긴장해서 넥타이가 잘 매어져 있는지 봐달라고 물어보는 학생이 있었다. 너무 긴장한 나머지 손까지 떨고 있었는데, 넥타이를 고쳐 매주면서 그냥 있는 그대로 본인을 보여준다고 생각하라고 말해주었다. 피면접자가 불안해하고 긴장하면 앞의 면접관들도 같이 경직되니 자신감과 확신을 가지라고 해준 적이 있다. 그러자 그 학생은 훨씬 안정되었다.

사실 나는 넥타이 매는 법을 잘 모르지만, 그 학생에게 그냥 너답게 하라고 알려주어서 안정을 주고 싶었다. 남 보기에 멋지게 사는 것보다는 나의 확신이 더 중요하다. 그냥 있는 그대로 단순하고 평범하게 사는 것은 생각보다 쉽지 않고 정말 대단한 것이다. 본인의 느낌과 의지대로 자연스럽게 말할 수 있으면 정말 행복한 것이다.

한때 나는 대학교를 졸업하면 원하는 인생을 맘대로 살수 있을 것으로 생각했다. 하지만, 신경 써야 할 일도 더 많고 책임져야 할 것도 더 많아지는 현실이 힘들었다. 나중에 언젠가는 더 나은 인생을 살 거라는 생각으로 버티고 버티었다. 그런데 한해 한해가 흐를수록 안타깝게도 멋진 인생이란 나에게 오지 않을 거라는 생각이 확실해져 가며 절망하게 되었다. 그리고 벗어나고 싶고 완전히 리셋 하고 싶다는 극단적인 생각도 많이 하였다. 그런데 어느 순간에 지금의 나를 받아들이고, 현재 상황에 정말 최선을 다하고 있는지 생각해보게 되었다. 지금 일에 집중하고 적극적으로 관심 가지고 한 번 해봐야겠다고 마음먹었다.

내가 뭘 얼마나 열심히 했다고 다른 생각을 하고 계속 불만족스러운가? 내가 정말 원했고 좋아하는 일을 하고 있지 않다고 해도, 내가 좋아할 때까지 해볼 수도 있다는 생각을 하니 더 관심이 생기고, 그러다 보니 집중도 되고 자연스럽게 잘할 수 있게 되었다.

몇 년째 집중하고 노력해도 안 되는 일 때문에 걱정스러웠던 적이 있었다. 학장님께 같이 더 노력을 해보자고 심각한 얼굴로 말씀드렸더니 웃으시면서 "그렇게 노력했고 최선을 다했는데도 안되면 나머지는 포 갓(for God)이지" 그러고는 쿨(cool)하게 나가셨다. 나는 안되는 것을 내가 할 수 있다고 생각하는 오만과 내가 할 수 없는 일을 끌어안고 내 에너지를 다 써버리는 과오를 저지르고 있었다. 할 수 있는 일과 할 수 없는 일을 구분할 줄 아는 용기가 부족했고, 문제를 빨리

해치워 버리고자 하는 조급함이 나를 힘들게 하고 있었다.

그렇게 때로는 최선을 다하고 결과는 하늘에 맡기는 자세가 필요함을 깨달았다. 흐르는 강물처럼...

나. 현재, 그리고 해결에 중점을 두자

영화 '곡성'에서 "뭣이 중헌디?"라는 대사는 이 영화를 본 사람이라면 머릿속에 아직도 맴돌 것이다. 더불어 "현혹되지 말라"는 말도 상당히 중요한 말이다. 무엇이 중요한지 안다면 우리는 결코, 현혹되지 않는다.

다른 사람들을 의식하다 보면 결정에 영향을 미칠 때가 있다. 자기만의 중심을 잡는다는 것이 생각처럼 쉽지 않다. 사람마다 가치관이 다르기에 중요하게 생각하는 것이 다르다고 해서 누구를 비난할 필요는 없다. 어쩌다 일이 잘못될 수도 있으나 그럴 때는 바로잡는 데 집중하면 된다. 누구의 잘못을 명백히 가려내어 책임소재를 묻는 데 집중하기보다는 문제를 직시하는 것이 좋다. 그리고 나의 잘못이라면 바로 사과하고 인정하고 바로 잡으면 된다. 오히려 나의 부족함을 인정하지 않으면 괴롭고 머리가 아프다.

뭣이 중헌디? 결국 중헌 건 사람

밤새도록 이불 킥(kick)하며 잠 못 자고, 다크서클(dark circle)이 턱까지 내려오고, 그런 자신을 바보라고 욕하고 싶을 때가 있다. 반성하는 것과 자책하는 것은 다른 차원이다. 반성은 자신의 과오를 정확하게 돌아보고 이해해서 바른 대책을 실행하는 행동으로 나타난다. 그러나 자책은 자신의 과오를 부끄러워하고, 과오가 일어나지 않았어야 한다면서 이미 일어난 일을 원상태로 되돌리려 애쓴다.

그러기에 자책에는 현실에 대한 분명한 이해가 없고, 올바른 대책이 나오지 않고, 대책을 세웠다고 해도 실행할 힘이 나오지 않는다. 잘못된 걸 알았으면 반성하고 개선할 부분을 찾아서 바로잡으면 된다. 잘못되어도 그냥 살짝 덮고, 그럴 수밖에 없었다는 가면을 내세워서 위험하게 외줄 타기를 하느라 에너지를 낭비하지 말라. 인정하고 책임지면 오히려 다음 단계로 성장해 갈 수 있다.

때로 내가 잘못한 것이 아니고 좋은 의도로 했더라도 나쁜 결과가 나올 수 있으므로 일이 잘못되고 혹시나 상대방이 상처를 받은 경우가 생기더라도 그것 또한 내 책임으로 받아들이자. 의도는 좋아도 접근하는 방법이 그 사람에게는 적절하지 않은 경우가 생길 수도 있다.

문제 해결에서 가장 중요한 것은 사람이다. 시시비비를 가리고 책임소재를 찾는 동안 서로를 미워하고 서로에 대한 배신감과 원망이 생기게 된다. 그러면서 어떤 사람이 나와 맞고 어떤 사람은 나와는 맞지 않는다는 그런 오해도 생기고 건널 수 없는 강을 건너기도 한다.

어떠한 일에도 궁극에는 사람이 있다. 그러므로 어떤 상황에서도 사람이 중심이 되어야 한다. 사람이 중요함을 안다면 우리는 서로 있는 그대로 존중하고, 누구 탓보다는 문제 해결에 집중할 수 있다. 서로 오해하는 일도 많은 부분 해소될 것이다. 중요한 것은 눈에는 잘 보이지 않는 경우가 많다. 잘 보려면 '보이는 것 너머에 있는 마음'을 보아야 한다. 눈에 보이는 대로 일희일비하면서 에너지를 다 쏟아내고 나면 정작 중요 포인트에서는 써야 할 시간과 힘이 없다는 것을 명심하자.

다. 용쓰지 말라

"어떻게 하면 거문고를 잘 탈 수 있습니까?"
"거문고의 줄을 너무 세게 당기거나 너무 느슨하지도 않게 당겨야 하느니라!"

어디선가 한 번쯤은 들어보았음 직한 중도(中道) 이야기이다. 조직 생활의 스트레스는 너무 줄을 세게 당겨서 자신을 힘들게 하는 경우가 많다. 힘을 주면 오히려 문제가 생기고 그럴 땐 오히려 힘을 뺄 때 나아갈 수 있는 것이 있다. 그리고 힘을 주거나 힘을 주지 않거나 똑같은 경우도 생긴다. 그렇다면 굳이 힘을 주고 있을 필요는 없을 것이다.

얼마 전 교통사고가 나서 병원 치료를 받다가 그것도 지겨워져서 자가 치유를 해야겠다고 마음먹은 적이 있다. 스트레칭과 명상을 같이 할 수 있는 요가수업을 들으면서 나는 많은 것을 새로 인지하게 되었다. 생각과 마음과 몸은 하나로 연결되어 있고 모든 통증은 다 연결되어 있으므로 힘을 빼고 근육을 이완시킨 후에 먼저 그것을 있는 그대로 바라봐 주라는 것이다.

천천히 힘을 빼고 동작을 하면 통증 부위가 더 또렷해지고 시간이 지나면서 어떤 부위와 연결되어 있는지 느끼게 된다. 한 곳만 계속 치료를 받아봤자 계속 재발할 수밖에 없는 이유가 여기에 있다. 평소에 스트레스 안 받으려 한다고 그게 몸에 쌓이지 않는 것도 아니니 안 받으려고 용쓰지 말고 힘을 빼고 그냥 바라봐 주는 마음이 나에게 필요함을 알았다.

힘을 빼는 것의 원리를 대학교 1학년 때부터 이미 알고 있었다. 당시 홍대 미대를 다니고 있는 언니가 수영을 가르쳐

주겠다고 해서 처음에는 미대 오빠들이 수영장에 와있겠지 하는 기대를 하고 따라갔는데 막상 가보니 미대 오빠는 없고 체대 오빠들이 수영장에 많이 와 있었다.

즐거운 마음으로 수영장에 들어갔으나 즐거움은 딱 거기까지였다. 가장 먼저 배영을 배웠는데 물 위에 누우라는데 눕는 방법을 알 수가 없으니 계속 물에 빠지고, 힘을 빼면 된다는데 말처럼 쉽지 않았다. 셀 수 없을 만큼 물에 빠지고 난 후 나는 손가락 하나를 들 힘도 남지 않았다. 그리고 나는 드디어 물 위에 뜨게 되었다. 물 위에 뜨고 나니 드디어 숨도 쉬고 옆도 보이고 앞도 보이고 조금씩 앞으로도 나아갈 수가 있었다.

"쓸데없는 힘을 빼봐" 자연스레 앞으로

그때 다른 한 가지도 알게 되었다. 앞으로 간다고 팔다리를 젓는데 내 의도와는 달리 자꾸만 옆 라인으로 가는 것이었다. 나의 몸 좌우가 균형을 이루지 못해서 그런 것이었고,

언니는 나에게 천정에 그려진 선을 보고 그 라인을 보면서 가라고 했다.

나는 나만의 틀어진 기준을 가지고 그것만 고집하면서 잘못된 것인지도 모르고 지키기 위해 힘을 엄청나게 주고 있었다. 그러나 우리가 서로 인정한 공유된 기준을 보고 가야 주위에 피해를 주지 않고 갈 수가 있다.

쓸데없는 힘을 빼면 앞으로 갈 수 있는 진짜 힘이 생긴다. 스스로 힘을 빼지 않으면 내가 수영을 배울 때처럼 고통을 수없이 당하고 어쩔 수 없이 힘이 빠지기도 한다.

신이 우리에게 선물을 주실 때는 고통이라는 포장지에 싸서 보낸다고 한다. 그리고 그걸 알아채고 선물을 받지 않으면 더 큰 고통에 싸서 선물을 보내기 때문에 고통스럽다면 선물을 받을 준비를 해야 한다. 끝까지 선물을 알아채지 못하면 그 선물은 제대로 펴보지 못할 수도 있다.

2. 상황을 수용하라

빅터 프랭클 (Viktor Frankl)[3]은 이런 말을 했다. "자극과 반응 사이에 공간이 있고 그 공간에서의 선택이 내 삶의 질을 결정한다." 어려움이 있고 시련이 있을 때 그것에 불평하고 무너지거나, 수용하고 극복해가며 성장하거나 둘 중 하나다. 무엇을 선택할지는 내가 결정할 수 있다.

---

3   오스트리아 출신의 유태계 정신과 의사이자 심리학자로서, 실존주의 치료의 하나인 의미치료를 창시 하였다.
     <두산백과>

가. 완벽은 없어, 완벽을 향해 나아갈 뿐

팀장 리더십 세미나가 개설되었다고 안내하는 메일을 받았는데 자세히 읽어보니 발표를 하라는 내용이었다. 누군가 추천을 했다고 되어있는데 순간 그 사람을 찾아내서 가만두지 않겠다는 생각이 가득했다. 그러나 일에 집중하다 보니 시기를 놓치고 말았다. 얼마 지나지 않아 일단 주제만 적어서 보내 달라는 요청을 받았고, 부족해도 일단 그냥 하기로 받아들였다. 하지만 발표 일정이 다가오자 스트레스를 받기 시작했다. 머릿속이 복잡하고 정리도 되지 않았다. 엉망진창이 될 것 같은 불안감이 엄습해 왔다. 그러다가 바로 코앞에 닥치니 벼락치기처럼 떠밀려서 자료 준비를 했다. 우리 팀 선생님들이 리뷰를 해주겠다고 자청해서 서울에서 한 번 시연을 해보고 수정을 한 후 다음날 대전에 갔다. 선생님들의 도움과 응원을 받고 갔기 때문에 조금은 수월하게 발표할 수 있었다.

그렇게 무사히 끝냈다는 사실에 홀가분했는데, 이어서 날

벼락이 떨어졌다. '팀장 리더십 세미나'를 기반으로 KAIST 팀장들의 리더십에 관련된 책을 내기로 하였다는 것이다. 한 번 발표하는 것과 책을 쓴다는 것은 비교할 수도 없는 엄청난 또 다른 도전이었다. 많이 부족한데 괜찮을까 생각했지만 "내가 부족한 거 다른 사람들이 알아도 된다."라는 생각에 운명으로 받아들이고 하는 데까지 해보기로 마음을 먹었다.

살다 보니 더 미치게 만드는 것은 실패보다 남이 나를 어떻게 생각할까 두려워하다 시도조차 못 해보고 나중에 후회하는 것이다. 어쩔 수 없었다고 그때 그게 최선이었다고 합리화하지 말고 뜻이 있다면 일단 해보는 것이 좋다. 먼저 시작하다 보면 점차 완벽을 향해갈 수 있다. 시작이 먼저고 완벽은 그다음인 것이다.

가장 먼저 본인 스스로에게 물어보라. 완벽하게 하겠다는 이유로 남한테 의지하면서 답을 찾아주길 바라고 남의 결정이라고 핑계 대고 있지는 않은지 생각해보라. 우리는 왜 살고 있는지, 내가 하는 일이 무슨 의미가 있는지 생각하고, 그 방향으로 가고 있는지 자주 점검하면서 가면 된다. 최근에

읽은 롭 무어(Rob Moore)[4]의 책, '결단'에 보니 성공한 사람들의 특징은 빨리 결정하고 천천히 수정하고, 그렇지 않은 사람은 결정은 느리게 하고 급하게 자주 수정을 한다는 것이다.

성공한 사람은 빨리 결정, 수정은 천천히

원하는 방향대로 나아가지 못한 경우가 발생해도 결과에 대한 책임을 받아들일 수 있는 마음이 있다면 문제 될 것이 없다. 그것이 싫어서 항상 노심초사하는 경우가 많다. 옳고 그른 것 그리고 양심이 아니라, 본인은 완벽해야 한다는 욕심 때문에 사람이 힘든 것이다.

좋아하는 일, 내 적성에 맞는 일을 찾았는지 나는 아직도 잘 모른다. 요사이 아이들은 중학교 때부터 진로를 탐색하고 목표가 뚜렷하지 않으면 대학 가기도 어려운 환경이다. 하지

---

4 30살에 부를 거머쥔 젊은 백만장자, 영국에서 가장 빠른 속도로 자수성가한 입지전적인 인물. 롭 무어는 대학 시절에 몇 차례 사업을 시도했으나 모두 실패했다. 빚이 손 쓸 수도 없이 불어나 파산 상태에 빠지기도 했지만, 그 과정에서 자본주의의 원리를 깨닫고 레버리지 기술을 터득했다. 이후 그는 불과 3년 만에 완전한 경제적 자유를 획득하며 젊은 나이에 백만장자의 반열에 올랐다. <YES24 작가파일>

만 본인 적성에 맞는 직업을 찾아서 그것을 좋아하고 즐기면서 사는 사람들이 우리 주위에 흔하지는 않다. 좋아해서 시작해도 괴롭고 그만두고 싶을 때가 많다고들 한다. 하지만, 선택한 일을 집중하고 탐구하면서 누구보다 잘하는 사람들이 주위에 종종 있다. 원래 다른 꿈을 가졌었다고 말하면서도 누구보다 지금의 일을 잘 해내기도 한다. 그리고 주어진 일을 본인 것으로 만들어가는 일이 버겁지만, 오히려 융합하고 다 각도로 재해석하면서 발전시키기도 한다. 어떤 일이든 열심히 오랫동안 하다 보면 잘하고 좋아하게 될 가능성은 나아지기 마련이다.

나답게 살고 나를 지키려면 '나는 완벽해야 한다.'는 생각부터 점차 내려놔야 할 것 같다. 내 생각에 확신이 없고, 듣는 사람이 어떻게 생각할지 몰라서 솔직하게 말하지 못하고 눈치만 보고 있을 때가 있다.

맞는지 틀리는지를 생각해서 틀렸다고 생각하면 실망하고, 맞다고 생각하면 앞뒤 안 보고 내주장만 하기도 한다. 편견 때문에 다른 사람들을 받아들이지 못한다. 내 괴로움만 중요하고 그것만 바라보느라 주위를 돌아보지 못한다. 차츰 다른 사람들의 말이 잘 안 들리게 된다. 모르면 모른다고 하고, 틀리면 틀린 것을 인정하는 용기를 갖자. 그리고 그 용기를 가지고 앞으로 나아가자. 그렇게 나아가는 것이 완벽을 향해서 가는 길이 아닐까!

나. 그래, 긍정적인 말을 쓰자

우리 팀원들에게 가장 듣고 싶은 말과 가장 듣기 싫은 말이 무엇인지 물어본 적이 있다. 가장 듣고 싶은 말은 '신뢰와 감사'에 대한 것이었고, 바라는 것은 '매너 있는 행동'이었다. 예를 들면, "선생님의 도움으로 문제 해결이 잘 되었습니다.", "알려주셔서 감사합니다." 등이다. 원하는 방향으로 가지 못했다고 해서 바로 비난하지 않고 상황을 이해하고 오히려 기운 내라고 격려하는 경우 등이 긍정적인 피드백이다.

그리고 가장 듣기 싫은 말은 상황을 설명하고 대화를 시도함에도 단절해버리는 말이다. 예를 들면 "됐고", "어찌 됐건", "그건 난 모르겠고", "그러니까 그게 왜 안 되지요?" 등이다. 지금도 일상적으로 쓰고 듣는 말인지 점검할 필요가 있다. 가능하면 서로 긍정적인 말을 쓰면 좋겠다. 예를 들면 "같이 한 번 해보자.", "우리니까 그 정도라도 한 거야", "잘 될 거야", "우리 더 좋아질 거야"라고 해보면 정말 우리는 더 좋아질 것이다.

〈무소유〉의 법정 스님[5]은 "모든 화는 입으로부터 나온다. 그래서 입을 잘 지켜라."고 했다. 말을 조심하면 같이 있는 상대방도 지키고 나 또한 지킨다. 그리고 우리의 관계를 지키고 화를 면하게 된다.

'됐고, 모르겠고' 보다는 '해보자, 잘 될 거야'

2019년은 나와 우리 부서가 도전하는 한해였다. 부서원 이동도 여러 번 있었고, 그 때문에 업무 조정도 하고 줄어든

---

5   한국의 승려이자 수필작가로, 1997년 서울 성북동에 길상사를 창건했다. 또 1976년 처음 발간한 산문집 〈무소유〉 등 30여 권의 책을 낸 수필 작가로도 잘 알려져 있다. 〈시사상식사전〉

인원으로 팀을 운영하기 위하여 업무 분석과 시스템 변경 등 많은 시도를 하였다. 그 와중에 나는 출장을 다녀오다 교통사고가 나서 컨디션 조절이 힘들었다. 절망감이 들었고 힘들다고 하소연하고 싶었지만 그런다고 달라질 것은 아무것도 없었다. 오히려 부정적인 감정이 주위로 번질 뿐이었다.

몇 년 전에 아들과 같이 쓰던 감사일기 밴드가 떠올랐다. 그 당시 우리는 한가지씩 그날의 감사할 일을 쓰고 다음 날 계획을 적어서 공유했다. 글로 써보면 정리가 되고 구체화되기 때문에 도움이 되었다. 힘든 상황이라고 하지만 감사할 일을 찾는 것은 어렵지 않았고 오히려 감사할 일이 너무 많았다. 우리 팀 선생님들은 내가 요청하기도 전에 우리 부서 업무뿐만 아니라 다른 팀 힘든 상황까지도 배려하는 것을 보면서 참으로 감사했다. 본인 업무를 파악하면서 현안 해결을 위해 수차례 여러 부서에 알아봐 가며 힘겹게 일하면서도 "힘든 일 있으면 내가 좀 더 할게요."라고 말을 해주는 선생님들과 같이 일을 하는데 무슨 어려움이 있겠는가?

어떻게든 할 수 있다고 긍정하고 신뢰하고 서로 도와가며 해결하자고 하는 선생님들로 인해서 너무나도 감사한 한 해를 보냈다. 힘든 상황일수록 서로 배려하고 도와주면서 관계가 더 좋아질 수도 있다는 것을 다시 한번 알 수 있었다. 감사하다고 선생님들에게 말을 하면 감사하다고 말해줘서 고맙다고 다시 말하는 것을 보면 감사는 전염성이 있는 것 같다. 감사는 상호작용이다. 내가 먼저 감사해하면 상대방도 그럴 가능성이 높아진다. 감사는 긍정적인 상태로 관계를 만들어주는 마법과도 같다.

감사는 긍정적인 관계를 만들어주는 마법

내가 매우 존경하는 이순신 장군은 삶을 대하는 태도와 고민 그리고 같이 지내는 사람들과의 관계를 긍정적으로 잘 처리한 분이다. 억울하게 임금의 오해와 의심으로 모든 공을 뺏긴 채 옥살이를 하고 백의종군하면서도 국가가 어려워지니 망설이지 않고 수장의 자리를 다시 맡았다. 병사들은 당시에 원균이 이끄는 칠천량 전투에서 져서 패배감에 젖어 있었고, 아마도 전쟁 공포증으로 겁에 질려 있었을 것이다. 게다가 국가에서는 대패 후, 적은 배와 적은 인원인 수군을 육군에 합류시키라고 하는 상황이었는데 이때 이순신 장군은 임금님에게 장계를 올린다.

그 내용은 많은 사람이 알고 있는 "금신전선 상유십이(今臣戰船 尙有十二)"이다. 겨우 열두 척이 아니라 "오히려 상"으로 얼마나 긍정적인 자세인지를 보여준다. 삶은 언제나 문제투성이이고 실패는 곳곳에 도사리고 있다. 그것을 해결하기 위한 마음과 긍정적인 자세가 필요한 것이지 문제 자체는 사라지지 않을 것이다.

다. 팀원들이 나의 리더이다

나와 내 직업은 현재 급이 맞을까? 내 직업이 나와 일치하고 관심과 기쁨을 같이하고 있을까? 내가 내 일을 좋아하는 만큼 열심히 할 때 내가 존중받는 느낌이 들고, 내가 내 일을 하찮게 생각하는 만큼 무시당한다는 느낌이 든다.

이처럼 존중감은 타인의 존중 여부보다는 스스로가 자신을 대하는 존중 여부에 따른 감정이다. 내가 내 일을 좋아하고 열심히 하는 것이 나를 존중하는 것이고, 이런 나를 누가 존중하지 않을 수 있겠는가!

지금은 고등학생인 아들이 초등학교에 들어가서 처음 학급회장 선거에 나가서 고배를 마시고 집에 왔을 때 일이다. 친구들이 날 안 좋아한다며 실망하고 있는 아들을 보며 아직 처음이라 너를 몰라서 그럴 것이라고 위로를 해주었다. 다음날 경영대학 학생 상담 선생님과 점심을 먹게 되었는데 내가 문제의 핵심을 놓치고 돌아가려고 한다는 것을 알려주셨다. 아들에게 내가 틀린 걸 알리고 정정했다. 친구들과 너는 모두 같이 처음인데 네가 회장이 되지 못한 것은 그 이유가 아닌 것 같다고 말해주었다. 왜 회장이 되고 싶은지 물어보니 회장이 되어 마음대로 하고 싶어서라고 답변을 했다. 그럼 너는 어떤 친구가 회장이 되면 좋다고 생각하는지 물었다. 친구들을 잘 이해해 주고 친구들을 대표해서 의견을 내주고 좋은 반으로 만들 수 있는 사람이 되어야 한다고 대답을 했다. 그러면 네가 어떤 사람이 되어야 회장이 될 수 있을까 고민을 해보는 것이 좋겠다고 알려주었다. 어떤 사람이 회장이 되어야 하는지 알게 된 아들은 그 이후로 지금까지 학급의 회장을 맡아서 친구들과 잘 지내고 있다. 그 자리와 본인이 일치하지 않으면 본인도 힘들고 주위도 힘들고 모두가 괴롭다.

응원하고 도움 주는 팀원들이 나의 리더들

경영대학에 미국인 교수가 학장으로 임용된 적이 있다. 그 당시 나는 경영대학의 기획·예산을 담당하고 있었는데 그는 오기 전부터 경영대학 조직과 예산을 미리 파악하려고 노력했다. 그는 부임하자마자 파악한 내용과 본인의 방향성을 바탕으로 조직에 대한 외부 컨설팅을 진행해서 모멘텀(momentum)을 놓치지 않았다.

외국인 학장이 요청하는 자료는 구조가 다르다는 것을 파악했기 때문에, 나도 그가 재직하던 USC(University of Southern California) 재무보고서를 구해서 처음부터 우리 자료를 다시 만들어보고 다시 우리 상황에 맞게 조정하는 작업을 미리 하고 있었다. 그는 나에게 자료요청을 할 때는 오랜 시간 동안 왜 그 자료가 필요한지 설명하고 이전 상황들을 파악하려 노력하고 본인이 하려는 일에 대해서 구성원들에게 어떤 이슈(issue)가 될 수 있는지 미리 파악하려고 했다.

아침저녁으로 영어공부를 해가면서도 그와 일하는 것이 즐거웠고, 함께 고민하고 방향을 같이 개선해나간다고 생각하니 나도 더 열심히 일한 것 같다. 나의 일에 대해서 이해해주고 본인의 계획을 진지하게 의논하고, 같이 일하는 사람으로 존중해주고, 그에 따른 책임과 보상까지 조화가 잘 이루어지는 상황이 나는 좋았다. 관심을 두고 존중하면서 일을 하다 보니 나도 성장하는 것을 느끼면서 내가 하는 일을 더 좋아하게 된 것 같다.

처음부터 좋아하는 일을 하지 못해도 괜찮다. 관심 두고 존중하다 보면 좋아지기도 한다. 내가 나와 내 일을 먼저 존중하는 것이 시작인 것 같다. 8년 넘게 경영대학 운영팀장을 하면서 네 분의 학장님과 같이 일을 했다. 조직과 나의 발전을 위해 항상 가르쳐주려고 했던 분, 너무 존경하는 분, 항상 믿어주고 칭찬과 격려를 아끼지 않았던 분, 그리고 나와는 많이 다른 분도 있었다. 달랐기 때문에 오히려 그분들에게서 배운 점도 많은 것 같다.

나와 일하는 것이 즐겁고 고맙다는 이야기를 들을 때 나도 정말 고마웠다. 당신이 알고 있는 일, 그리고 당신이 모르지만 내가 하는 일들에 감사하다고 카드를 써 주신 학장님도 있었다. 내가 그분들에게 받은 배움과 마음에 감사하고, 내가 힘들 때 옆에서 항상 같이 응원해주고 나를 도와주었던 우리 팀 선생님이 모두 다 나의 리더들이다.

3. 타인을 존중하라

가. 모두가 중요, 같이 갈 방법은 있다

대기업 임원을 초청하여 직원들의 성과를 평가하는 방식에 대해서 세미나를 한 적이 있다. 그분이 자주 한 말씀 중의 하나가 사장님이 직원들을 조지라고 한다는 것이다. '조지다' 국어사전에서 뜻을 찾아보면 '일이나 말이 허술하게 되지 않도록 단단히 단속하다'이다.

누군가를 조정하려 들고 통제하려 들고 다른 상황을 바로잡으려 할 때 건강한 관계는 이룰 수 없다고 생각된다. 본인이 통제를 받거나 평가를 받아야만 바뀔 수 있고 더 나아질수 있다고 생각하는 사람은 없을 것이다. 본인이 그렇다고 생각하는 사람은 아무도 없겠지만, 우리는 종종 사랑한다는 이유로, 그리고 더 나아지기를 바라는 마음에서, 소중한 사람을 통제하려 하고 비난의 말을 하고 핀잔을 주고 가르치려한다. 작은 목소리로 말해도 다 알아듣고 조금 더 기다려주면 대부분은 해낼 수가 있는데도 말이다.

배워서라도 가르쳐주는 사람은 꾸준히 성장

본인 뜻대로 되지 않는 괴롭고 힘든 상황이 되면 폭력적으로 돌변하는 사람들을 많이 본다. 하지만, 고통스럽고 힘든 상황에서도 전혀 폭력적이지 않고 오히려 배려하면서 상황을 개선하고자 노력하며 사는 사람들도 많다는 사실을 알고 있다.

나는 초등학교 시절에 자주 전학을 했다. 거의 매 학년 전학을 했던 것으로 기억한다. 아버지의 반복된 사업 실패로 우리 가족은 우리 집과 외가를 번갈아 왔다 갔다 했었다. 그 당시 아버지는 괴로움에 술을 많이 마셨고 가족 모두 눈치를 보며 살았다. 어머니는 아버지와는 다른 방식으로 상황을 받아들이고 있었다. 시골 외가에서 살던 때였는데 추운 겨울날 나는 마당에서 눈사람을 만들고 있었다.

한 거지가 밥을 달라고 집 마당에 들어섰다. 까만 고무신을 신고 있었는데 발이 더러운데 빨갛게 보였다. 어머니가 그분에게 밥을 주시더니 차가운 물에 그분의 발을 담가서 주물러 주었다. 어머니에게 왜 따뜻한 물로 하지 않는지 물어봤더니 갑자기 따뜻한 물에 동상 걸린 발을 담그면 너무 통증이 심하니 먼저 차가운 물부터 하는 거라며 웃었다.

두 번이나 집을 날려 먹은 남편과 당신 부모님 집에서 지금 같이 살아야 하는 그런 힘든 상황에서도 남편을 원망하거나 불평하는 것을 본 적이 없다. 어머니는 식당을 시작하면서 삶을 개선하기 위해서 본인이 직접 노력을 했고 오히려 다른 사람들까지 도와주면서 사는 모습은 나에게 삶의 가르침을 주었다. 또한, 상황에 대한 다른 대처 방식에 대해서도 알려주었다.

고1 때였던 것 같다. 하필이면 김장하는 날, 학교 자율휴업일이어서 하루 종일 어머니를 도와드린 적이 있다. 아침에 일어나보니 이미 절여져 있는 배추가 산처럼 쌓여있고 무와 파 고추들 사이로 김장 양념을 만드는 어머니가 보였다. 분주하게 돌아다니기만 하고 도움도 못 주면서 나는 머리에서부터 발끝까지 김장 양념을 묻히고 있었는데, 어머니는 저녁에 김장이 끝날 때까지 고춧가루 하나 없이 깔끔함을 유지하고 있다는 것에 놀랐다.

역시 빈 수레가 요란하기만 한 것이었다. 김장이 끝나자 동네 사람들이 김치통을 가지고 맛있기로 소문난 우리 집 김치를 가지러 왔고 그분들에게 아낌없이 주는 것도 모자라 동네 어르신들에게 따로 가져다주는 걸 보면서 그렇게 많은 김장을 하는 이유를 알게 되었다.

문제가 생기고, 어려움이 생기면 원망하고 책임소재를 묻기보다는 괴로움을 준 상대조차도 서로 협력할 대상으로 여기고 오히려 극복하면서 더 관계가 좋아지는 방향으로 갈 수도 있다.

업무를 하면서 다른 사람을 배워서라도 가르쳐주는 사람이 있고, 자기 업무만 하면서 절대로 공유하려 하지 않는 사람도 있고, 계속 다른 사람에게 의지하고 끊임없이 물어보는 사람도 있다. 심지어 비슷하고 같은 업무인데도 시간이 지나면서 처음 하는 일처럼 또 물어보고 의지하고자 하면 개선이 되지 않는다. 배워서라도 가르쳐주는 사람은 계속 성장한다. 우리는 같이 성장하는 것이다.

나. 우리는 무엇으로 사는가!

자신도 모르는 우리가 우리 안에 있다. 자기밖엔 모르고 사는 것 같지만 우리 안에는 사랑이 있고 다른 사람을 향한 마음이 열려있다. 다른 사람이 행복하지 않으면 마음이 아프고 같이 힘들다.

10여 년 전에 경영대학 운영팀으로 소속변경이 되고, 우리 팀 전산 담당 선생님에게 네트워크 및 PC 관련 지원을 받았다. 아직 친한 사이는 아니어서 업무에 대해 서로 이야기하고 고맙다는 인사를 건넸다.

며칠 후 출근하는데 그 친구가 사망했다는 것이다. 나는 어리둥절해서 사무실로 들어갔는데 분위기가 어수선했다. 새벽에 병원에서 최종 사망진단이 내려졌고 장례준비가 진행되고 있다는 것이다. 계속 우는 선생님도 있었고 팀장님은 침통한 얼굴로 상황보고를 받고 있었다.

장례식장에 가보니 어린 자녀 두 명이 있었는데 너무 어려서인지 계속 뛰어다니고 부인은 넋이 나간 듯이 앉아 있었다. 선생님들의 노력과 노조의 도움으로 사학연금공단에서 얼마간의 보조비를 받았고, 자녀들을 생각해서 장학금을 모금하기 시작했다. 많은 교직원이 참여했고 아빠는 하늘나라로 갔어도 가족들이 마음으로 경제적으로도 도움이 되길 바랐다.

우리 안에 사랑이, 관계를 위한 마음이

돌아가신 선생님을 위해서 추도예배를 드릴 때 나는 감정이 북받쳐서 눈물이 났다. 안타까운 마음도 있었지만 모두 하나가 되어서 상황을 개선해보려고 노력하는 마음에 감사했다. 우리는 자기를 위해서 살고 자기가 세상의 중심이라고 생각하겠지만 사실은 마음속에 사랑이 있고 우리는 서로 도와서 살 수 있는 마음이 충분히 있다. 아무도 앞날을 예측하지 못한다. 하지만 같이 돕고 살아갈 것이고 주위를 같이 보면서 지금에 충실하게 살면 그렇게 걱정하지 않아도 될 것 같다는 생각이 든다.

결혼한 여성이라면 평범한 직장을 다니는 것도 도전일 수가 있다. 육아와 집안일 그리고 회사일 까지 완벽하게 하려하지 않더라도 변수가 너무 많다. 본인 의지와 상관없이 직장을 계속 다닐 수 있을까 고민도 한다. 17년 전, 육아휴직이 쉽지 않던 시절에 나 역시 육아에 대한 고민으로 직장을 그만두려고 했을 때 나의 부서장은 사직서를 바로 찢어버리고 육아휴직을 할 수 있도록 도움을 주었다. 우리에게 중요하고 사랑하는 사람이 주변 상황 때문에 어쩔 수 없이 계속 다니고 싶은 직장을 그만두기를 바라지 않는다면, 같이 도와서 그 상황을 해결하도록 노력하면 좋겠다.

현재의 삶의 방식은 미래에도 그대로 영향을 미칠 수 있다. 작은 걸음이라도 조금씩 서로 도와서 배려해 주면 결국 나와 내 자녀 그리고 모두가 원하는 방향으로 갈 수 있다. 현실은 받아들이기 어렵고 모든 것은 싸우고 극복해야 할 대상이어서 힘들다는 생각이 들더라도 혼자 좌절하게 하지 않았으면 좋겠다. 내가 그리고 우리가 어떻게 하는 것이 좋을까 계속 생각하면서 방법을 찾아갈 수 있다.

다. 서로 다른 마음이 모여서 조화를 이룬다

아름다운 정원을 보면 다양한 꽃들이 적재적소에 자리를 잡고 있다. 이렇듯 조화는 서로 다른 구성원들이 모여서 이루어내는 아름다움이지, 같은 것들이 모여서 이루어지는 것이 아니다. 나와 다른 이들을 서로 평등하게 대하고 존중하면 남을 부러워하거나 질투해서 불행에 빠지는 일이 없다. 남보다 잘되는 것이 목표가 될 필요도 없다.

알프레트 아들러(Alfred Adler)[6] 우월감과 열등감은 같은 뿌리에서 출발한다고 했다. 내가 다른 사람보다 어떤 부분은 뛰어나고 내가 다른 사람보다 더 많이 가졌다는 생각을 해야 안심되는 것은 우리 스스로 완벽하지 못하기 때문에 갖게 되는 기본적인 열등감에서 시작한다. 그래서 우리는 슈퍼히어로(superhero) 영화를 보면서 대리만족을 하고 마블 영화가 세계적으로 어마어마한 성공을 거두는 이유이다.

---

6 오스트리아의 정신의학자. '개인심리학'을 수립하였으며, 인간의 행동과 발달을 결정하는 것은 인간 존재에 보편적인 열등감·무력감과 이를 보상 또는 극복하려는 권력에의 의지, 즉 열등감에 대한 보상 욕구라고 생각하였다. <두산백과>

> **행복지수가 높은 북유럽 사람들의 신념인 얀테의 법칙(Law of Jante)이다.**
>
> ① 자신이 특별하다고 생각하지 않는다.
> ② 자신이 잘한다고 생각하지 않는다.
> ③ 자신이 남보다 똑똑하다고 생각하지 않는다.
> ④ 자신이 다른 사람들보다 더 낫다고 자만하지 않는다.
> ⑤ 자신이 다른 사람들보다 더 중요하다고 생각하지 않는다.
> ⑥ 자신이 어떤 것을 잘할 수 있다고 생각하지 않는다.
> ⑦ 다른 사람들을 비웃지 않는다.
> ⑧ 다른 사람들이 당신을 신경 쓴다고 생각하지 않는다.
> ⑨ 다른 사람들을 가르칠 수 있다고 생각하지 않는다.

다양성을 인정하고 주위도 돌아보면서

기본적으로 남들과 너무 다르면 불편하고 심지어 왕따를 시켜서 사회적 문제를 만들기도 한다. 어떤 사람은 남들이 보게 될 프로필(profile) 사진을 찍기 위해 목숨을 거는 행동을 하기도 한다. 많은 사람이 다른 사람과 사적 성공을 비교하고, 외모와 사회적 지위를 비교하고, 사회적 잣대에 맞게 살려고 무척 애쓴다.

그런데 지금 우리나라에서 얀테의 법칙대로 산다면 더 행복해질 수 있을까? 얀테의 법칙은 100년 이상 지켜온 그들의 문화이기 때문에 우리가 문화를 이해하고 받아들여서 이런 평등과 존중을 우리의 것으로 만들어가는 데에는 시간이 걸릴 것이다.

우리는 그동안 경제성장을 위해서 노력을 많이 했고, 이렇게 눈부신 경제성장을 이루는 데 급급해서 정작 우리 자신의 마음을 돌보고, 주위를 돌아보고, 다양성을 존중하고 이해해 주면서 살아가는 것의 중요성을 이제야 조금씩 바라보게 되었다. 이제라도 알아차리고 시간이 걸리더라도 천천히 꾸준히 가면 된다.

서로 이해하고 조화를 이루는 일은 끊임없이 계속되어야 한다. 조급해한다고 해서 한꺼번에 더 큰 노력을 한다고 해서 금방 해결될 문제는 아니다. 노력한 만큼 관계도 단단해진다. 어느 수준까지 도달하지 못한 관계에서 게으름을 피운다면 금방 소원해질 수 있다.

나를 이해하고 상대방을 이해하는 데 노력이 많이 들어가는 것 같지만 그만큼 보답이 클 것이고, 노력하지 않고 관계를 잃어버리게 된다면 상실감은 훨씬 크게 다가올 것이다. 서로 다른 우리가 모여서 서로 이해해 주고 존중해주면서 조화를 이룰 때 우리는 밝고 강하고 더 아름다울 것이다.

땡땡이 리더십

무심한 척 "해봐요"… 믿음의 응원가

방 진 섭 | 행복한 낭만주의자

행정부장으로 '팀장 리더십 세미나'를 기획하고 '나의 리더십'의 집필을 총괄했다. KAIST 직원사회의 악덕 꼰대가 되어 직원들을 괴롭히는 악역을 도맡아 하고 있으나, 정작 자신은 '땡땡이 리더십'을 주창하고 땡땡이치는 것을 주저하지 않는다. '자기진화형 행정생태계'를 KAIST 행정의 발전모형으로 개념화하고 체계화하기 위해 노력하고 있다. 저서로는 '대한민국에서 대학행정가로 산다는 것', '데이터로 교육의 질 관리하기', '행정도 과학이다', '교직원 K의 이중생활'이 있다.

jsbang@kaist.ac.kr

Chapter 6
땡땡이 리더십

바쁘더라도 여유 있는 척하면서 때로는 일부러 자리를 피해준 적이 있는가. 그 속 깊고 고귀한 팀장의 '땡땡이'가 직원들이 자율적으로 자신의 역량을 펼치면서 일하게 배려하는 것이라는 사실을 아는가.

'땡땡이 [1] 리더십'은 '상사가 바쁘더라도 여유 있는 척하면서 때로는 일부러 자리를 피해주어 직원들이 자율적으로 자신의 역량을 펼치면서 일하게 배려하는 것'을 말한다. 하나하나 꼬치꼬치 따지면서 간섭하는 리더보다는 큰 방향을 제시하고 세부적인 것은 스스로 자유롭게 만들어가도록 유도하는 것이다.

부서장이 사무실에 앉아 있는 것만으로도 직원들은 무언의 압박감을 느낀다. 아무리 자유로운 조직 분위기라 하더라도 의식하고 눈치를 보지 않을 수 없다. 게다가 하루 종일 엉덩이를 의자에 찰싹 달라 붙이고 있는 리더는 직원들을 숨막히게 한다. 일일이 간섭하기까지 한다면 그야말로 최악이다.

리더는 실무자가 아니다. 광범위한 시야를 가지고 볼 수 있어야 하고, 부서들과 긴밀한 협조 관계를 조성하고 유지하는 것이 필요하다. 엉덩이와 의자가 하나가 되어 앉아 있기보다는 일부러라도 자리를 피해 주면서 직원들의 숨통을 트

---

1   '땡땡이'의 사전적인 의미는해야 할 일을 하지 않고 눈을 피하여 게으름을 피우는 짓'을 의미한다.

게 해줘야 한다. 때에 따라서는 그냥 다른 부서장이라도 만나서 수다를 떨어라.

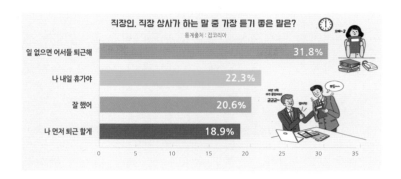

부서장이 바쁘게 움직이면 직원들은 정신이 없다. 왠지 모르게 미안함을 느끼면서도 소외감이 생긴다. 더구나 별로 바쁘지 않은 것 같은데 바쁜 척하는 리더는 꼴불견이다.

리더는 설령 진짜 바쁘더라도 의도적으로라도 바쁘지 않은 척해야 한다. 리더가 바쁘면 직원들은 더 바쁘게 움직여야 한다는 강박감을 느낀다. 바쁘더라도 여유를 부리면서 직원들이 분위기에 휩쓸리지 않고 자기의 일에 집중할 수 있도록 만들어 주어야 한다.

리더는 자신이 중심이 아니라 직원들을 중심에 두고 생각해야 한다. 아무리 바빠도 여유를 가져라. 한가하면 그냥 놀아라. 괜히 바쁜 척하면서 직원들을 괴롭히지 마라. 여유 있는 척해도 바쁘다는 걸 알고, 바쁜 척해도 놀고 있는지를 직원들은 다 알고 있다.

열심히 일하게 자리 비워주는 진짜 능력자

부서장이 능력이 없으면 직원들은 무시하고 존중하지 않는다. 조직체계 상 겉으로 드러내지는 못 할지라도 대나무밭에서 '임금님 귀는 당나귀'라고 외쳤듯이 어디에선가는 이야기한다. 땡땡이는 진짜 능력이 없는 리더가 아니라 진짜 능력자가 치는 것이다. 최고의 리더는 내부를 벗어나 대외적인 활동역량까지 넓혀 나가야 한다. 우물 안의 개구리가 아니라 부서를 넘어서 전체 조직적인 관점을 가져야 하고 연계되는 외부조직과의 비교관점까지 확장하여야 한다.

자신을 부단히 성찰하고 끊임없이 실력을 키워라. 당신이 능력이 있고 없는지는 감추어지지 않는다. 당신만 모르고 있을 뿐이다.

나는 오늘도 땡땡이를 친다. 판단이 필요 없는 것은 담당자가 알아서 하라. 모든 책임은 내가 진다. 이것이 땡땡이 리더십이다.

1. 여백의 가치를 빛나게 하라

동양화의 가치는 여백(餘白)의 미(美)다. 무언가 채워지지 않았는데 그 채워지지 않음이 새로운 가치를 만들어낸다. 대상의 형체보다는 그것이 담고 있는 의미와 내용이 잘 표현되어 있다. 보이지 않는 것이 보이는 것보다 깊고 넓은 아름다움을 느끼게 해주는 것이다.

'땡땡이 리더십'도 이와 비슷하다. 리더는 많은 것을 보여주지 않아도, 굳이 바쁘다고 하지 않아도 리더가 가지고 있는 역량을 다른 사람들은 이미 알고 있다.

'땡땡이 리더십'의 첫 번째 키워드는 리더는 디테일이 아니라 방향을 정확하게 제시하고 세부적인 것은 직원들이 스스로 찾아보게 하는 것이다. 흔히 이야기하는 물고기를 잡아주는 것이 아니라, 물고기 잡는 방법을 알려주고 스스로 생존해 나가도록 하는 것이다.

가. 방향과 목표를 정확히 제시하라

리더는 나아갈 방향과 해야 할 목표를 정확하게 제시할 수 있어야 한다. 무엇 때문에 하는 것이고, 왜 해야 하는지를 알아야 한다. 리더가 방향을 제대로 잡지 못하면 직원들은 우왕좌왕 혼란스럽다. 목표를 명확하게 제시하지 않으면 무엇을 위해 하는 것인지를 알지 못한다. 막연하게 추측하고 그냥 시키는 것이니 하는 시늉만 보일 뿐이다.

방향을 제대로 알고 가는 것과 방향을 제대로 모르고 가는 것은 근본적으로 다르다. 방향을 정확히 알고 있다면 가는 길과 방법은 다양하게 찾으면 된다. 설령 문제가 있다면 수정과 보완을 하면 된다. 그러나 방향을 모르면 전혀 엉뚱한 길과 방법으로 간다. 다시 바꾸기에는 엄청난 시간과 노력이 낭비된다.

리더 흔들리면 직원들도 우왕좌왕

목표도 마찬가지다. 목표가 명확하고 그 이유가 분명하면 실질적인 방법이 모색되고 실행될 수 있다. 그러나 목표와 이유가 분명하지 못하면, 일의 명분과 당위성을 이해하지 못한다. 장님이 코끼리 다리를 만지면서 일하는 것과 다를 바가 없다. 전체를 보지 못하고 부분만을 보고 판단하니 오류가 생길 수밖에 없다.

담당자가 방향과 목표를 명확하게 이해하고 있는지는 보통은 보고서를 보면 알 수 있다. 보고서의 도입부인 배경이나 목적에서 금방 드러난다. 보통은 도입부인 배경과 목적을 별 의미 없이 생각하고 바로 방안을 장황하게 언급하는 경우가 많다.

이는 일의 가치철학을 생각하지 못하기 때문이다. 시간이 흘러 후임자가 보고서를 보면서 일을 핵심적으로 이해하기 위해서는 세부적인 방안이 아니라, 이 일을 무엇을 위해 왜 했는지를 이해하는 것이다. 즉, 일의 본질을 파악하는 것이다.

나. 개략적으로 스케치만 하라

리더는 모든 것을 꽉 채워 그리겠다는 생각을 버려야 한다. 간략한 스케치를 통해 일의 개념을 제시하면 된다. 나머지는 담당자의 몫이다. 담당자가 각자의 스타일 따라 자신만의 색을 입히는 것이다. 그러나 많은 리더는 담당자가 해야 할 몫까지 침범한다. 세부적인 색칠까지도 본인의 생각과 스타일을 강요한다. 담당자의 자율적인 역량 발전과 동기부여가 이루어지지 못하는 것이다. 그냥 시키는 대로 하라는 것과 다를 바 없다.

그림 멋지게 그리도록 동기만 부여

리더는 직원의 발전을 위해 자신을 낮추고 절제할 줄 알아야 한다. 때로는 기다려주기도 해야 한다. 자신이 생각하는 구체적인 방안이 있다고 하더라도 방향을 제시하고 개략적인 스케치를 해주는 정도에서 멈춰라. 리더인 자신이 아니라 직원의 발전을 위해 내가 무엇을 할 수 있는지의 관점에서 항상 생각하라. 리더 중심의 현재 가치가 아니라 직원 중심의 미래 가치를 중요하게 보라는 것이다.

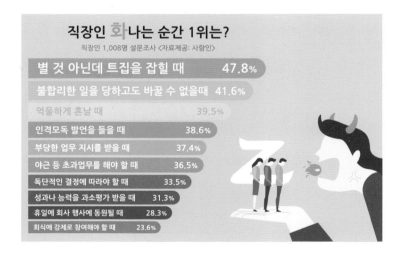

직장인 화 나는 순간 1위는?
직장인 1,008명 설문조사 〈자료제공: 사람인〉

별 것 아닌데 트집을 잡힐 때	47.8%
불합리한 일을 당하고도 바꿀 수 없을때	41.6%
억울하게 혼날 때	39.5%
인격모독 발언을 들을 때	38.6%
부당한 업무 지시를 받을 때	37.4%
야근 등 초과업무를 해야 할 때	36.5%
독단적인 결정에 따라야 할 때	33.5%
성과나 능력을 과소평가 받을 때	31.3%
휴일에 회사 행사에 동원될 때	28.3%
회식에 강제로 참여해야 할 때	23.6%

직원의 미래 가치를 높이기 위해서는 스스로가 고민하게 만드는 것이다. 리더가 방향과 목표를 제시하면 담당자가 해결방법을 찾아가게 하는 것이다. 조사하고 연구하고 분석하며 방법을 찾아가는 과정에서 역량이 향상된다. 개략적인 스케치의 개념 속에서 자신만의 색을 입히며 그림을 완성하는 것이다.

그리고 때로는 의도적으로라도 당장에 현안은 아니지만, 향후 필요하거나 문제가 될 수 있는 것들을 미리 제시하여 전체적인 윤곽을 스케치해보도록 하는 것도 직원의 역량과 미래 가치를 높여주는 방법이다.

문구에 집착하는 한심한 리더

지금까지 조직 생활을 하면서 업무에 대한 의욕을 잃게 만들던 리더가 누구였는지를 생각해보면 단연코 방향을 제시하지도 못하면서 사소한 문구에 집착하는 리더였다. 업무의 전체적인 방향을 충분히 제시하면서 세세한 것에 참견한다면 그런대로 참을 수 있지만, 방향도 제대로 인식하지도 못하면서 '~로써'가 맞는지 '~로서'가 맞는지만 따지는 리더 아래 직원들은 한숨만 나온다. 전체적인 방향의 관점에서 문장을 보완하고 수정하는 것은 사안을 바라보고 표현하는 방식에 큰 도움이 된다. 그러나 이와 무관한 문구 하나하나에 집착하면서 따지는 리더 밑에서는 업무에 대한 의욕도 리더에 대한 존중심도 사라진다. 정작 중요한 일에는 관심 없고, 회피하면서 오로지 사소한 일에만 목숨을 거는 쫌팽이 리더는 리더가 아니다.

다. 응원하고 격려하라

경험과 경륜을 통해 역량이 축적된 팀장의 시각에서 담당자는 미숙하게 보일 수밖에 없다. 특히나 연차가 짧은 직원들의 경우는 더욱 그렇다. 그러나 다른 시각에서 접근하면 아직은 성숙하지 않았기에 가능성은 무한하다고 볼 수 있다. 그리고 그 무한한 가능성의 크기는 팀장이 어떻게 하느냐에 달려있다.

심리학에서 '긍정심리학'에 대한 관심이 높아지고 있다. 이전의 심리학에서는 불안, 우울, 중독, 정신분열, 트라우마 등 부정적인 감정에 초점을 맞추었다. 하지만 긍정심리학은 관점을 달리해 바라본다.

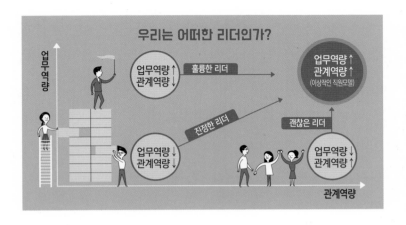

개인과 조직, 사회에서 일어나는 기쁘고 좋은 일에 초점을 맞춘다. 긍정 정서, 몰입, 관계, 삶의 의미, 성취, 강점에 관심을 둔다. 부정적인 것에서 벗어나 긍정적인 것에서 가치를 찾는다. 긍정의 무한한 힘을 믿는 것이다.

누구든 강점은 있어... 칭찬은 의욕 살려내

조직 생활에서도 긍정심리학의 관점을 받아들이는 것이 좋다. 리더가 질책하고 짜증을 내기보다는 격려하고 응원을 해주는 것들이 담당자를 춤추게 한다. 단점을 이야기하기보다 장점을 찾아내어 적극적으로 지원해주는 것이 좋다. 질책을 통해 의욕을 꺾는 것이 아니라, 칭찬을 통해 의욕이 활활 불타오르게 하는 것이다.

역량이 뛰어난 직원들을 팀원으로 두고 싶은 것은 인지상정이다. 그러나 현실은 그렇지 못하다. 사람이 다르기에 역량의 차이가 날 수밖에 없다. 진정한 리더는 역량이 떨어지더라도 이러한 직원을 흔쾌히 받아들여 응원하고 격려하면서 성장시키는 것이다. 능력 있는 직원들과 함께 누구나 할 수 있는 팀장이 아니라 능력이 부족한 직원들을 포용하면서 누구나 할 수 없는 팀장이 우리가 지향하는 리더이다.

자기중심적인 꼴불견 리더

인사시즌만 되면 벌어지는 일이 있다. 일정 기준에 따라 직원을 전보해야 하는데 일부 팀장들이 어김없이 하소연한다. A 직원이 중요한 업무를 맡고 있어서 우리 부서에서 빼가면 안 된다. B 직원이 없으면 우리 부서가 돌아 가지가 않는다. C 직원은 우리 부서에 골치 아프니 빼달라. 누구를 빼는 대신에 누구 직원을 보내 달라 등등. 저마다 명분과 이유가 있다. 그런데 곰곰이 생각해보면 대부분이 팀장의 관점에서 이야기한다. 당장에 누구를 빼거나 빼지 않으면 자신이 힘들다는 것이다. 명분은 팀을 이야기하지만, 자세히 들여다보면 자신을 중심으로 이야기한다. 리더는 특별한 사유가 없다면, 기준과 원칙에 따른 인사를 존중하여야 한다. 자기중심적이 아니라 직원의 관점에서 고민해야 한다. 당장 내가 어려움을 겪을 수 있겠지만, 해당 직원을 어떻게 하는 것이 지금보다 성장하고 발전해 나갈 수 있는지를 생각하라. 때로는 더욱 성장할 수 있는 리더와 부서로 과감하게 보내라. 리더는 그래야 한다.

2. 스스로 책무의식을 갖게 하라

간섭과 참견은 일에 대한 의욕을 잃게 만들고 수동적인 업무 자세를 갖게 한다. 방향과 목표를 명확하게 제시하고 세부적인 것은 자율적으로 검토해나가도록 한다면 그에 상응하는 책임의식을 갖게 마련이다. 책무감은 그냥 갖추어지는 것이 아니라, 신뢰를 기반으로 한다. 잘할 수 있을 거라는 생각과 이를 믿고 맡기고 기다리는 과정에서 직원들의 역량이 쑥~쑥~ 성장한다.

'땡땡이 리더십'의 두 번째 키워드는 이러한 신뢰를 바탕으로 하는 담당자가 책무의식을 갖도록 하는 것이다. 무심한 척 "알아서 해봐"라는 한 마디가 "나는 당신을 믿는다"와 "당신은 잘할 거야"라는 의미로 치환되어 부담을 주기도 하지만, 궁극적으로는 스스로 무언가를 해나갈 수 있도록 역량을 키워준다. 신뢰를 통해 자율성을 보장하고 스스로 책임의식을 갖게 하는 것이다.

가. 사소한 의사결정은 맡겨라

부서장으로서의 역할수행을 하다 보면 수많은 결재를 하게 되고, 무수히 "어떻게 할까요?"라는 질문을 받게 된다. 결재가 곧 의사결정을 의미하는 것이지만, 그냥 부서장이기에 기계적으로 하는 것들도 많다. 무언가 신중한 판단과 의사결정과는 무관한 의례적이고 형식적인 결재와 질문들이 일상적으로 일어나는 것이다.

"잘 해낼거야" 믿음 주니 큰 결정도 척척

생각을 조금만 바꾸어보면 직원은 그냥 직원이 아니라 미래의 부서장이기도 하다. 리더로서의 역량이 부서장이 되면서 한순간에 만들어지는 것이 아니다. 직원 단계에서부터 축적되고 성장하는 것이다. 사소한 것들에 대한 의사결정을 경험하면서 차츰 큰 의사결정에 참여하는 과정을 통해 미래 핵심리더로 발전한다.

이러한 성장을 이끌어가고 만들어 주는 것은 지금의 리더가 하여야 할 역할이다. 리더는 사소한 것들로부터 직원들이 자유롭게 생각하며 스스로 답을 찾아가도록 유도해야 한다.

때에 따라서는 사소한 의사결정이라도 실수를 할 수가 있다. 그래도 리더는 흔들리지 말고 믿고 맡기며 기다려줘야 한다. 실수와 오류를 인정하지 않고, 간섭하고 참견한다면 직원의 사기를 떨어뜨리게 되고, 수동적인 업무태도를 갖게 만든다. 이는 직원이 미래의 리더로 성장하고 발전하는데 장애 요인이 될 수 있다. 리더는 직원의 사소한 실수와 오류에 흔들리지 않는 내면의 강건함을 갖추어야 한다.

사소한 의사결정은 애써 무심한 척 '알아서 해'라고 해보자. 지금까지 경험하지 못한 직원은 갑자기 '무슨 일이지?' 하면서 눈이 휘둥그레질 것이다. 처음에는 낯설고 쉽지 않을 것이다. 그러나 반복적으로 하다 보면 이내 익숙해지면서 자신도 모르는 사이에 신중하게 생각하고 판단하는 것들의 중요성을 알아간다. 그렇게 리더는 직원들을 미래 핵심인재이자 리더로 성장시키는 것이다.

나. 보고 자리에 동행하라

팀장은 중간 관리자로서 상위 부서장이나 경영진에게 많은 지시를 받고 보고를 하게 된다. 그러다 보니 간혹 지시사항을 제대로 이해하지 못하여 담당자에게 엉뚱한 내용으로 전달하기도 한다. 엉뚱한 하게 전달된 내용 때문에 담당자는 원래 지시자가 의도하는 방향과는 다르게 검토하게 되고, 결국은 시간만 낭비하는 결과를 초래한다.

반대로 담당자가 검토한 자료를 들고 팀장이 경영진에게 보고하는 과정에서도 문제가 발생한다. 팀장이 담당자가 작성한 의도와 내용을 정확하게 숙지하지 못한 상태에서 보고하다 보면, 세부적인 현황이나 통계에 대한 정보가 부족하여 경영진의 질문에 적절하게 대응하지 못하기도 한다. 이는 결국 팀장이 업무파악도 제대로 하지 못하고 보고하는 것으로 인식되고, 이것이 반복되다 보면 어느 순간에 무능력한 팀장으로 평가를 받는다.

상사의 생각 직접 청취 업무효율 높아져

의사소통에는 오류가 있기 마련이다. 더구나 중간 관리자로서 상사의 지시를 전달하고 담당자가 만든 자료를 보고하

는 과정에서는 더욱 그러하다. 팀장은 기본적으로 업무능력
이 뛰어나야 한다, 그러나 업무능력만 뛰어난 것만으로는 담
당자와 다를 것이 없다.

팀장은 리더로서 부하직원을 육성하는 것 또한 중요한 임
무이다. 부하직원을 미래의 리더로 보고 업무수행과정에서
끊임없이 자연스러운 훈련의 과정을 마련해주는 것이다. 담
당자를 보고 과정에 동행하는 것은 정보전달과 의사결정의
오류를 최소화하는 방법이다. 어쩌면 단순한 목적이기도 하
지만, 이 과정을 통해 업무의 정확성과 효율을 높일 수 있다.

더 나아가 담당자가 팀장을 넘어 상사나 경영진과 직접 소
통하고 교류하는 기회를 제공함으로써 자연스럽게 담당자의
존재를 인식시킬 수 있다. 때로는 담당자가 보고 과정에서
부각 될 수도 있겠지만, 팀장이 이를 두려워한다면 리더로의
자격이 없다.

보고 과정뿐만 아니라 지시를 받는 과정에도 특별한 문제
가 없다면 담당자를 동행하는 것이 좋다. 팀장을 통해 전달
되는 내용을 듣는 것보다는, 상사와 경영진의 생각을 담당자

가 직접 듣게 만드는 과정에서 담당자의 업무를 넘어 광범위한 관점에서 조직을 이해하게 만든다.

다. 담당자의 중요성을 인식시켜라

담당자들이 갖는 인식 중의 하나는 '정책과 의사결정은 위에서 한다.'라는 것이다. 이러한 생각은 스스로 정책과 의사결정의 주체가 아니라 단순히 결정된 것들을 집행하고 관리한다는 소극적인 자세를 갖게 한다. 일부 리더도 결정은 자신이 하는 것이고 담당자는 내가 시키는 것을 해야 하는 것으로 인식하기도 한다.

모든 정책과 의사결정의 과정은 담당자의 검토로부터 시작된다. 아무리 위로부터 지시를 받고 한다고 하더라도 세부적인 준비들은 담당자가 한다. 어떤 형태로든 정책과 의사결정에 담당자의 생각이 녹아 들어가는 것이다. 그러나 정작당사자는 정책과 의사결정을 큰 개념으로 생각을 하고 자신으로부터 실질적인 결정이 이루어진다는 사실을 간과한다.

위에서 결정한다는 고정관념 깨야 인재 성장

리더가 정책과 의사결정의 과정에서 담당자의 중요성을 알려주고 인식하도록 하는 것은 매우 필요하다. 중요성을 인식하는 정도에 따라 담당자의 직무에 대한 접근방식과 태도가 달라질 수 있기 때문이다. 주체적으로 인식하면 자연스럽게 책임의식을 갖게 된다. 당연히 어떤 사안을 검토하면서 신중하고 철저하게 되고 이는 정책과 의사결정의 오류를 줄이게 된다.

반면에 주체의식이 약한 경우에는 업무에 대한 의지가 별로 없다. 무언가 스스로 개선을 시도하기보다는 시키는 것들만 하겠다는 소극적인 태도가 된다. 매사에 자신감이 없다. 이러한 자세가 누적되다 보면 냉소적이고 비판적인 직원이 되기 쉽다. 무언가 리더의 적극적인 역할이 요구되는 상황이다.

리더는 항상 담당자의 중요성을 인식하고 일부러라도 각인시켜주어야 한다. 검토과정에서부터 정책과 의사결정이 시작되고 있음을 인식시키고 담당자의 생각이 중요함을 이야기해주어라. 이를 통해 담당자는 자신의 존재에 대한 중요성을 자연스럽게 인식하고 일에 대한 책임의식을 갖게 될 것이다. 담당자를 성장·발전시키는 것은 리더의 하기 나름이다.

3. 공유하며 시야를 넓히게 하라

조직 생활을 하다 보면 최소한 몇 개의 부서는 옮겨 다니게 된다. 여러 부서를 경험하면서 역량을 키우고 전문분야에 대한 탐색기회를 얻는다. 한 부서에만 있게 되면 매너리즘에 빠지고 업무와 연관된 전체적인 시야를 갖추기가 쉽지 않다. 민원부서이거나 구매부서 등의 경우에는 아예 일정 기간 이상은 근무하지 못하도록 제도화하여 혹시 있을지 모를 유착 관계를 원천적으로 차단하기도 한다. 위로 올라갈수록 담당 자로서 바라볼 때와는 다른 업무환경을 겪는다. 단순한 업무 범위를 넘어 광범위한 업무를 알아야 하고 복잡한 이해관계 의 충돌과도 맞닥뜨리게 된다.

조직 내부를 넘어 조직 외부와도 교류하는 폭이 넓어지 고 외부적인 시각에서 조직을 바라보고 생각하기도 해야 한 다. '땡땡이 리더십'의 세 번째 키워드는 담당자가 넓은 지식 과 깊이 있는 이해를 바탕으로 현안들을 지혜롭게 해결하기 위한 역량을 키우게 하는 것이다. 리더에게 요구되기도 하는 이러한 역량은 당연히 담당자 시절부터 경험하고 축적되게 해야 한다.

가. 과감히 개방하게 하라

하나의 부서 단위에서도 많은 업무가 있고 각자 담당하는 업무가 나누어진다. 같은 부서에 있지만, 담당자 간에 서로의 업무를 모르거나 무엇이 어떻게 진행되고 있는지를 모르는 경우가 많다. 물론 일부 업무의 경우에는 보안이 필요하거나 다른 상황들이 있어서 일부러 말할 수 없는 것도 있다. 어쩔 수 없는 경우를 제외한다면 우리는 같은 부서의 각기 다른 업무 상황을 얼마나 알고 있는가?

우리는 부서 간의 칸막이 문화를 이야기하며 비판한다. 부서 간 칸막이 문화가 소통과 교류를 어렵게 하고 협력과 협업을 방해한다고 주장한다. 그럼 부서 간의 칸막이만 있고 같은 부서에서 담당자 간의 칸막이는 없는 것인가! 정작 우리는 부서 내의 칸막이는 애써 모른 체하고 부서 간의 칸막이 문화만을 이야기하고 있는 것은 아닌지 생각해야 한다.

리더는 부서 내의 업무 칸막이를 과감하게 제거해야 한다. 담당자 간에 특별한 사유가 없는 한에는 모든 업무를 공유하게 해야 한다. 그리고 팀장이 먼저 솔선수범하라. 디지털시대에 대부분의 자료보고와 업무가 메일 등의 온라인 형태로 이루어지는 것을 적극적으로 활용하는 것이 좋다. 팀장이 담당자에게 메일로 업무를 지시하는 경우나 담당자가 팀장에서 업무를 보고하는 때에도 팀원들에게 함께 보내거나 보내도록 해라.

긴밀 협력하며 대처능력도 키우고

팀원들 간에 업무를 적극적으로 공유하게 하는 것은, 상호 긴밀하게 협력하면서 팀의 전체적인 업무 상황을 이해하고 대처하게 만든다. 또한, 한정된 업무 범위를 뛰어넘어 종합적으로 팀의 업무를 경험하면서 넓은 시야를 갖도록 만든다. 부서를 이동하며 많은 업무를 다루는 것도 필요하지만, 먼저 내가 속한 부서의 업무부터 전체적으로 경험하도록 하라.

큰 것부터 시작하기에 앞서 가까이에 있는 것부터 실천해 나가는 것이 좋다. 역량을 강화하는 것이 무슨 거창하고 멀리 있는 것이 아니라 사소할 수도 있는 서로의 업무를 우리 부서에서 공유하는 과정에서부터 일어나는 것이다.

나. 발표를 일상화하라

많은 직원이 발표를 두려워한다. 일상적인 만남과 회의에서 이야기를 잘하는 사람도 막상 생각을 발표하라고 하면 손사래를 친다. 말로는 쉽지만, 어지간한 사람이 아니면 누군가의 앞에서 자기의 생각을 정리해서 발표한다는 것이 보통일은 아니다. 발표는 자신이 가지고 있는 생각을 나름대로 정리하게 만든다. 산만하게 산재해 있던 것들을 일목요연하게 체계화하기도 하고 새로운 가치와 의미로 구조화하기도 한다.

업무과정을 생각해보면, 통상적으로 팀장의 지시나 요구에 따라 담당자가 검토해서 자료를 만들고 보고를 하게 된다. 이 과정에서 담당자가 자연스럽게 팀장에게 자기가 만든

자료를 설명하게 되고 왜 이렇게 만들었는지를 이야기한다. 팀장과 담당자 간에 소통이 일어나면서 자료에 대해 이해를 하게 되고 팀장의 생각과 의견을 반영하여 수정하고 보완한다.

과감한 업무 공유 팀원들 이해시키는 과정

팀장과 담당자 간에만 이렇게 소통이 되면 끝나는 것인가! 부서 내에서 업무를 과감하게 공유하는 것이 업무 범위를 자연스럽게 넓히면서 협력을 원활하게 하는 것이라면, 발표는 담당자의 생각을 팀원들이 깊이 이해하는 과정이다. 자료를 작성한 담당자가 팀원들 앞에서 왜 이렇게 검토하고 자료를 만들었는지를 직접 이야기하면서 궁금한 것들을 질문하고 답변하는 과정을 통해 업무에 대한 이해가 깊어진다.

발표는 공유되는 자료를 형식적으로 이해하는 수준을 넘어 그 속에 담겨있는 의미까지도 이해하고 담당자의 시각에서 파악하는 효과가 있다. 자료에서 왜 이렇게 표현했는지에 대한 배경까지도 알게 되면서 상호 많은 것을 배우게 되고 차츰 역량이 커지게 된다. 발표하는 담당자는 자신이 만든 자료에 대해 명확하게 이해하고 있어야 하고 팀원들은 자료에서 가지게 되는 의문을 해소한다.

이러한 발표가 일상화되면 자신감이 향상된다. 자료를 검토하고 보고서를 작성하는데 신중하고 깊이 있게 고민한다. 당연히 보고서의 수준이 높아진다. 자기의 생각과 주장에 대한 명분과 논리도 강화된다. 덤으로 업무능력이 향상되고 평가와 평판이 좋아진다. 이렇게 좋은 것을 하지 않을 이유가 없다.

다. 세상을 경험하게 하라

직장인으로서 담당 업무에 대한 전문성은 어떻게 키워가야 할까? 무작정 자기가 맡은 일에 집중하다 보면 전문성이 높아지는가! 부서 내에서 또는 조직 내에서 최고이면 전문가가 된 것인가! 안타깝게도 세상은 넓고 나와 우리의 경쟁상 대는 대한민국을 넘어 세계 곳곳에 퍼져있다.

리더는 자신이 '우물 안의 개구리'가 아닌지를 경계해야 한다. 소위 동네 골목대장 수준에 머물러 있는 것이 아닌지 를 생각하면서 성찰해야 한다. 시시각각으로 변화해가는 세 상을 제대로 보고 느낄 수 있어야 현재의 나를 제대로 바라 볼 수 있다.

'땡땡이 리더십'은 리더는 우물 안의 개구리가 되어서는 안 되지만, 동네 골목대장에 머물러서도 안 된다는 이야기이 기도 하다. 리더는 때로는 우물 안에서 뛰쳐나와 세상이 얼 마나 넓은지를 돌아다니면서 체험하고, 동네의 골목대장을 벗어나 넓은 세상에서 겨룰 수 있는 능력을 키워야 한다. 지 지리도 못난 사람은 밖에서는 찍소리도 못하면서 집에서는 큰소리치며 대장 노릇하는 사람이다.

개구리 골목대장이여 안녕

리더는 일부러라도 팀원들에게 많은 것을 보고 배우고 느끼게 해줘야 한다.

팀원들이 자기의 업무 상황을 스스로 고려하여 자유롭게 교육 훈련에 참여하는 것을 독려하고 장려하고 배려해야 한다. 설령 팀장 자신은 그렇지 못하더라도 팀원들에게는 세상을 다양하게 경험하게 만들어라.

교육 훈련이 아니더라도 외부의 포럼이나 세미나, 토론회, 콘퍼런스 등에 참가하게 하라. 유관조직 간의 협력이나 교류에도 적극적으로 참여하도록 지원하라. 보고 생각하는 넓이와 깊이가 달라지고 세상의 눈으로 조직을 객관적으로 보면서 역량이 춤을 추게 될 것이다. 세상은 넓고 배울 것도 많다. 경험하는 세상에 따라 생각과 인식이 달라진다.

부서를 넘고 조직을 넘어 세상 속에서 나의 경쟁력을 바라보고 평가해보자. 나는 과연 동네 수준의 골목대장이 아닌지를 되돌아보라.

팀원들이 우물 안의 개구리가 된 것은 아닌지를 반성해보라. 크고 넓은 세상에서 팀원들이 빛나고 경쟁력을 갖추도록 응원하고 지원하고 배려하라.

리더는 마땅히 그래야 한다.

Fellow 리더십

틀에서 벗어나라 그게 도전이다

손 형 탁 ｜ 넌 어느 별에서 왔니?

행운과 같이 KAIST에서 경영정보, 정보통신, 정보보안과 같은 업무를 경험하며 IT Styles에 길들여 있는 직장인. 때로는 어린 왕자처럼 구름과 산, 별과 달, 꽃과 나무를 사랑하고 음악과 리듬을 즐기며 행복해하는 에너자이저이기도 하다. 찾으려는 마음으로 자연과 모든 생명을 존중하여 사랑으로 대하려 하고, 인간과 사물에 대해 의리와 약속을 지키려고 노력하는 소우주(Cosmos)人이다.

cosmos@kaist.ac.kr

Chapter 7
F@llow 리더십

F@llow 리더십은 수직적인 상하 관계와 수평적인 동료 관계에서 중용의 균형점을 찾아 소통하고 공감하며 조화롭게 리더십을 발휘하는 것이다.

시대와 상황이 바꾸는 리더십

리더십은 사회 여건과 시대에 따라 변한다. 영화와 책 속의 리더십이 그렇다. 전쟁 드라마 '밴드 오브 브라더스'에서는 승리하고 살아남은 자를 선한 리더십의 표본으로 삼고 있다. 반면, 고전인 손자병법에는 싸우지 않고도 이기는 것이 이상적인 리더십이라고 귀띔하고 있다. 전쟁의 격변기에 비해 미래지향적 삶을 살아가는 현대에는 특유의 리더십이 필요하지만, 사회와 일터 환경의 변화에 따라 리더십은 가변적이고 유동적이다.

KAIST 리더십 문화도 다르지 않다. 설립 이후 부단한 노력을 통해 안정기를 맞았고 미래를 품기 위해 변화를 모색하고 혁신을 향해 매진하고 있다. 팀장 노릇이 중차대하다. 나는 처음에는 그저 단순히 팀에 봉사하려는 마음이었으나 공모제를 거치는 과정에서 팀장으로서 모르는 것도 적지 않았고 애를 먹기도 했다.

다행인 것은 미흡한 부분이 많은데도 불구하고 10년 넘도록 한 부서의 팀장을 수행하고 있다. 주위의 배려에 감사할 따름이다. 중간관리자의 위치와 상황에서 지난 시간을 반추하고 팀장 역할을 되새기며 경험을 토대로 관계형 리더십(Follow 리더십) 논의의 장을 마련했다.

1. 수직적 관계의 Follow형 리더십

인간은 태어나 부모와 스승을 만나 지혜를 배우고 그들의 모습을 본받고 견문을 쌓아간다. 인간은 앞선 사람을 따르지 않고는 배울 수도 살아갈 수 없는 미약한 존재다. 인간에게는 혈연관계가 존재하고 그 관계가 갖는 의미는 크다. 아이일 때는 혼자서 아무것도 할 수 없고 부모의 손을 통해 성장하고 배운다. 혼자 결정할 수 없으며 매사가 필연적인 관계에서 비롯된다.

따라 하는 인간관계가 Follow

태어나서는 부모님에게, 자라면서는 스승과 선배에게, 신입직원은 선임직원을 통해 영향을 받는다. 그리고 팀원은 팀장의 영향을 받는다. 인간은 이렇듯 수동적으로 살아가며 배우고 따르는 법칙을 익혀 가게 되는데 사춘기 이전에 대략적인 관계를 형성한다.

이런 인간의 행동과 관계는 대부분 학습된다. 수동적인 관계에서 능동적 관계형으로 나아가 차츰 많은 사람의 리더 또는 Follow로서의 관계로 변화한다. 그 따름이 Follow다. Follow 관계는 기본이요 인간 본디 모습이고 우리는 어릴 때부터 Follow형 리더십을 타고 난다.

가. 틀 안에서 시작하기

수직적 리더십의 첫 번째 실천전략은 리더가 되기 위한 Follow 과정이다. 모든 리더가 갖춰야 할 기본 리더십이며, 기존의 규칙과 제도와 과정을 배우고 따르며 형성된다. 기존 제도와 과정은 우리가 알고 있는 살아온 틀이라고 볼 수 있다.

도자기 제작에 비유하면 이해가 쉽다. 도예 수련생이 도자기 공방에 입문했을 때 어떤 일부터 배울까? 처음부터 도자기를 굽지는 못할 것이다. 미리 마련된 매뉴얼을 보고 도공의 지시와 가르침에 따라 차근차근 배워 나간다.

> **보통의 도자기 제작과정은 다음과 같이 이루어진다.**
> ① (배토) 원료에 물을 가해 가소성을 갖게 하고 반죽을 한다.
> ② (성형) 다져진 흙으로 모양을 만든다.
> ③ (정형) 마르기 전에 흙을 깎아주고 매끄럽게 다듬는다.
> ④ 장식과 그림을 입힌다
> ⑤ 이후에는 건조 → 초벌구이 → 채색 → 재벌 순이다.

수련생은 많은 과정을 한 번에 배울 수는 없기에 매뉴얼을 따라 하면 가장 빠르고 쉽게 배울 수 있다. 이렇듯 좋은 도자기 탄생은 처음부터 이뤄지는 것이 아니다. 처음 입문했을 때는 도공이 준비한 흙을 받아야 하고 틀에 맞춰 빚어야 하고 미리 만들어 놓은 유약을 바르고 불을 높여서 알려준 제시간에 지피고 도자기에 색을 입혀야 완성된 도자기가 나온다. 무엇보다 이미 안정적이고 최적의 상태를 갖춘 틀이 있음을 알아야 한다는 사실이 중요하다.

선지자의 길이 바로 리더의 길

세상살이를 보자. 도자기 공정처럼 이미 갖춰진 틀에는 무엇이 있을까. 헌법, 법령, 규약, 규정은 물론 우주의 과학적 법칙, 오랫동안 지켜 내려온 관례, 관습, 관행 그리고 종교적 교리 등이 있다.

우리는 이같이 다양한 틀 속에서 살고 있으며 선지자가 만들어 놓은 틀을 배우고 따르고 있다. 그 선지자의 길이 리더의 길이다. 리더는 내 가까운 데서부터 시작해 주위의 틀을 잘 알아야 하며 최대한 넓게 경험해야 한다.

법, 규정, 규칙, 기준 등 업무와 관련된 틀과 직장의 전통과 관행을 익히고 그 정보의 위치를 알아둬야 한다. 또한, 검색이 가능하도록 업무에 필요한 규정과 규칙을 PC에 별도로 담아두고 정리해서 보관해 둔다. 때로는 세부적인 지식을 모를 수도 있다. 필요할 때마다 검색을 통해 전문가나 담당자와 만날 수 있다.

정보시스템 뿐만 아니라 대부분의 업무 프로세스도 마찬가지다. 안정적이고 보편적으로 구축된 시스템은 이미 틀을 갖추고 있다. 사람들이 많이 가는 길이 가장 좋은 길이고 안전한 길이듯 많이 사용하는 시스템을 선택하는 것이 그만큼 안전하고 확실하다. 팀 내 규정도 제도와 기존 틀 속에서 움직여야 큰 무리가 없다. 가령 기존 법령과 규정을 모른 상태에서 다른 제도를 만든다면 즉시 충돌이나 문제가 생긴다. 그러니 나의 위치에서 수직적으로 내려오는 틀 내의 질서와 체계를 잘 숙지해야 하며 규정을 학습해야 하고 제안을 할 때나 제도를 만들 때도 그러하다.

나. 뒤에서 Follow

태어날 때부터 수직적인 관계에서 살아온 인간은 이미 따라 하는 Follow형 관계를 익혀왔다고 볼 수 있다. 사회의 관계 속에서 자아를 찾고 자신의 삶을 향해 나아가면서 자기주장을 내기도 한다. 그러나 사회나 직장의 새내기 리더라면 기존의 틀에서 상대방의 의견과 주장을 따르는 것이 먼저이다. Follow형 리더라면 처음부터 앞에서 끌고 가는 것이 아니라 우선 따르는 법에 익숙해져야 한다.

따르는 방법에서 가장 필요한 것은 상대의 말을 들어보는 것이다. 잘 듣는 것이 따른다고는 할 수 없으나 듣는 것만으로도, 따름의 법칙에 좋은 방법이다. 상급기관이든 상관이든 아니면 팀원이든 건전하고 건설적인 의견과 주장을 듣고 이해하려는 마음이 Follow형 리더십의 기본이다. 선배나 팀장이라고 해도 팀원 다수의 합리적인 의견이 있다면 그 역시 따르는 것이 좋다. 다수 의견으로 만들어진 과정과 결과는 실패가 적을 뿐 아니라 나중에 큰 저항이 없다.

회의하다 보면 어떤 팀원은 말을 많이 하고 어떤 팀원은 한마디도 하지 않는다. 팀장은 가능한 한 말을 적게 하면서 여러 사람의 말을 들어봐야 한다. 건설적인 회의가 되도록 컨트롤 하는 역할이 그의 몫이다.

예전에 어느 기관 협의회에서 회의하며 하부기관의 의견과 건의사항을 듣는다고 해놓고 실제는 주최기관의 설명과 홍보에 더 많은 시간을 할애해서 분위기가 조용하고 썰렁해진 적이 있다. 듣고자 해서 모인 자리인데 자기에게 필요한 이야기만 한다면 다음에는 누가 참석하겠는가! 아마 참석하기 싫고 계속 형식적인 모임이 될 것이 뻔하다.

리더는 직원이 현실성 있는 좋은 제안을 할 경우, 듣고 실천할 수 있도록 노력하여야 한다. 일방적으로 지시하기보다 팀원이 창의력을 발휘하여 제안한다면 팀장은 반영하고 지원해주는 것이 타당하고 민주적이다. 이쯤 되면 Follow 리더십의 본질이 나온 것이다. 리더는 팀의 목표를 위해 봉사하는 자이며 팀원의 벽이 되어 지키고 그들을 막아주는 방패이다.

다. 앞에서 Follow

수직적 Follow형 리더십의 방향은 아래에서 시작해 점
차 위로 발전하는 것이 좋다. 어떤 리더든 주위의 직간접적
인 영향을 받더라도 건전하고 상식적으로 일을 처리하게 된
다면 후배들은 그를 배우고 Follow로 관계를 형성하게 된다.
Follow 관계에 따른 후배는 이후 더 멋지고 훌륭한 리더가
될 수 있다.

Follow는 리더의 필요충분조건인 까닭이다. 따라서 수직
적 Follow십의 바람직한 모습은 앞에서 이끌면서 당겨주는
Follow가 되어야 한다는 사실이다.

대부분 조직은 똑똑하고 카리스마 있는 리더의 모습을 요
구한다. 전쟁영화를 보면 최전선의 전쟁터에서 소대장이 일
반 병사보다 모범적으로 앞장서서 나아가는 경우가 많다. 소
대장이 되려면 충분한 교육과 체력을 연마하고 소대원보다
도 더 많은 작전지식과 체력을 요구한다. 군 교육기관에서는
수직적인 Followship의 관계도 배운다.

대부분 기업은 어떤가? 특화된 교육을 거친다. 입사 때는 개개인이 살아온 과정, 경력, 학력을 기준으로 평가한다. 입사 이후는 선후배 관계나 규범 속에서 얼마나 업무를 잘 수행하는가와 나이와 경력 등을 참작하여 리더로 선택받는다.

수직적 Follow를 위해서 Followship에 대한 사전 교육과 충분한 단계를 거친다. 이런 과정을 거쳐서 더 나은 Follow형 리더십을 발휘 할 수 있게 된다.

KAIST 행정조직은 팀원과 팀장의 두 직위만 존재한다. 나는 팀원들이 Follow형 리더십을 경험할 수 있도록 직위를 한 단계 더 세분화하여 내부에서만이라도 중간에 주무, 파트장 같은 팀 내 소규모의 역할을 만든다. 규정에는 없더라도 내부적으로 만들어서 운영해보면 팀원들이 그룹 내에서 수직적 Follow형 리더십을 발휘하게 된다.

조직 규모가 큰 경우, 많은 팀원이 함께 가기에는 일정 부분 어려움이 있는데, 이렇게 해보면 효율적인 부서운영을 도모하기도 하면서 자연스럽게 리더십을 기를 수도 있게 만든다.

가치가 낮으면 어때? 리더가 챙길 일

팀장은 부서의 역사와 연혁을 알아둘 필요가 있다. 부서의 내력을 인계받아 정리하고 관리하면 조직관리가 효율적이다. 나는 오랫동안 IT-ICT 부서에 있다 보니 그동안 보고 만났던 직원과의 관계 속에서 소소하게 일어난 사건, 정보화 이면의 스토리를 차분하게 기록한다. 모두 기억하기 힘들다 보니 일부는 찾아내고 보관해 역사의 기록물로 작은 기념 장식장에 남겨 두었다. 기념 장식장은 외부 홍보와 하는 일을 보여줄 수 있는데 팀장은 누구보다도 부서의 역  사기록과 기념자료를 앞장서서 챙겨 보는 것이 좋다.

팀에서 가치가 적은 일이 있다. 업무라고 하기에도 미미한 일인데 누군가 앞장서서 하지 않으면 그 누구도 나서지 않는 게 세상 이치다. 리더는 크고 힘들고 어려운 일을 먼저 하기도 하지만 정말 단순하거나 귀찮아하는 일을 선뜻 나서서 한다면 아마 두말없이 팀원들은 편하게 본 업무를 할 수 있을 것이다.

예를 들어 휴지 줍기, 공용 테이블 청소, 프린터 종이 넣기, 사무실 현관문 닦기, 소모품 찾아오기, 서류함 소모품 캐비닛 정리하기 등이 그렇다.

팀워크는 소통이다. 팀워크를 위해 사무실에서 운동 얘기를 해보면 좋다. 어떤 운동이든 성실하고 꾸준히 하는 모습을 팀원에게 자주 들려주고 보여준다. 다른 것은 몰라도 운동은 스트레스 해소와 부서 내에서 긍정적인 시너지를 만들어 준다고 믿는다. 때로는 부서원이 부담 없이 즐기면서 할 수 있는 운동을 함께 하도록 시간도 쪼갠다.

90년대에는 팀 내에서 점심시간을 이용하여 족구 또는 미니축구를 했었다. 당시는 학사·행정시스템 업무용 Software 개발로 스트레스도 받고 힘들었던 여건에서 짧은 시간 운동을 통해 스트레스를 날리며 무난하게 개발을 완료할 수 있었다. 운동은 벅찰 만큼 소통과 화합의 에너지를 얻는다.

팀장은 부서 내에서 운용하는 자금의 규모와 흐름을 잘 알고 있어야 하고 어디에 쓸 것인지 무엇에 쓸 것인지도 알고 있어야 한다. 대부분 규모가 크고 명확한 비용은 팀원들이 대부분 활용한다. 그러나 틈새의 작은 비용이나 뚜렷한 담당자가 없거나 바빠서 사용하지 못할 경우가 있다. 이럴 때 팀장이 귀찮아도 여백을 메우듯 디테일하게 사용해도 나쁘지 않다.

또한, 어떤 목표가 있다면 예산을 충분히 확보하는 것이 필요하나. 때로는 팀원들의 사업 진행이 힘들지 않도록 적당히 확보해야 한다. 많은 사업비를 확보했을 때 피로감이 있으니 예산을 잘 분배해서 팀원들이 골고루 일할 수 있도록 배려하면 좋다.

2. 수평적 관계의 Fellow형 리더십

　수평적인 Fellow형 관계는 보통 동일 공동체 안에서 이뤄지는 관계이다. 부모와 같이 수직적인 관계지만 동일 가족인 것처럼 수평적인 공동체 관계도 있을 수 있다.

　수평적 Fellow 관계는 수직적 관계와 달리 동료의식과 공동체, 동질감을 느끼는 관계를 의미한다. 사람은 자라면서 친구가 생기고 동료가 생기고 한 울타리 공동체 의식을 배워 나간다. 그리고 학교 다닐 때나 사회적인 관계에서 수평적인 관계를 형성하게 된다.

부모와 자식은 가족 공동체이고 학교 선배와 후배는 동문 공동체, 직장 선후배는 직장동료이며 직장 공동체다. 같은 이치로 팀장과 팀원은 팀 공동체. 팀원들, 당신들과 나는 동료이고 한 시대를 같이 사는 KAIST 공동체다.

팀원들과 나는 KAIST 운명공동체

도표는 수직적 Follow와 수평적 Fellow의 관계도이며 나는 F 관계도라고 칭한다.

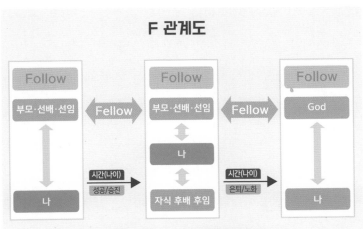

F 관계도

- 나는 태어나면서 수직적인 관계에서도 수평적인 관계를 형성한다.
- 나는 당신을 Follow 하면서 Fellow 한다.
- 나는 수직적 Follow 관계를 그리고 수평적인 Fellow 관계로 삶을 살아가고 있다.
- F 관계는 유동적이며 많은 변화가 있을 수 있으며 나의 관계형 변곡점(F점)이 위치한다.
- 두 관계를 공식화한다면 Follow + Fellow = Fellow(펠로우)이다.

가. 틀 밖으로 벗어나기

수평적 Fellow형 관계에서는 살아온 경험만큼이나 많은 사람을 만나며 관계를 유지한다. 수평적인 사회적 관계의 틀에서도 좋은 관계를 유지할 수도 있지만, 눈을 돌려 새로운 변화를 위해 틀 안을 벗어나 보기를 권한다. 이것은 도전이고 용기이다. 인간은 배우고 배워서 숙련되거나 일정 경지에 오르면 가르치고 더 나은 방법을 찾아 개선하기도 한다. 인간이 진화하고 진보하는 이유이다.

기존의 틀은 오랫동안 이미 갖춰지고 정형화되어 쉽게 벗어나지 못하겠지만, 큰 틀이 아니라도 발전을 향해 벗어나서 새로운 틀을 만들어 가는 것이 혁신이다. 업무의 변화가 제도의 혁신과 맞물리는 유쾌한 과정이다. 힘들이고 노력해야 보람의 파이는 커진다. 많은 사람이 모여서 함께 하면 더 큰 틀로 바꿀 수 있고, 바뀐 그 틀이 안정화 되면 또 다른 혁신의 틀은 형성될 것이다.

스티브 잡스(Steve Jobs)[1]가 틀을 깨고 개선해서 만든 혁신 제품이 아이폰이고, 월드와이드웹(www)의 창시자 팀 버너스리(Tim Berners-Lee)[2] 역시 'One small step for the

---

1   미국의 기업가이며 애플 사(社)의 창업자이다. 매킨토시 컴퓨터를 선보이고 성공을 거두었지만, 회사내부 사정으로 애플을 떠나고 넥스트 사(社)를 세웠다. 그러나 애플이 넥스트스텝을 인수하면서 경영 컨설턴트로 복귀했다. 애플 CEO로 활동하며 아이폰, 아이패드를 출시, IT 업계에 새로운 바람을 불러일으켰다. <두산백과>

2   월드와이드웹(WWW)의 창시자. 1989년에 글로벌 하이퍼텍스트 공간 개념을 제시하였는데, 이 개념을 바탕으로 탄생한 것이 바로 월드와이드웹이다. 버너스리의 아이디어 공개를 통해 전 세계 인터넷 시대의 문이 열렸고, 이후 월드와이드웹은 인터넷 주소 체계인 URL 등으로 발전하였다. <두산백과>

web'이란 첫 문장에서 "나는 항상 웹이 모두를 위한 것임을 믿었습니다."라고 했다. 그는 특정인의 사이버 소유 틀을 벗어나 수평적인 사이버 환경으로 소유 개념을 바꾸는 역할을 했다.

수평적인 관계에서 여러 다양한 변화를 감지하고 파악하고 예측하여 현재의 틀에서 벗어나려 시도하려는 사람은 업무나 일 그리고 사물에 대해 궁금해하고 호기심을 갖는 분들이 많다. 모르는 것이 있으면 항상 질문하고 찾아보는 사람들이다. 이런 사람들은 틀을 벗어나기 첫 단계가 아닌가 싶다. 새로운 변화를 원하면 먼저 호기심을 가져보라고 권한다.

새로운 기술, 새로운 방식과 제도는 어디서든 언제든 진보하며 틀로서 정착하기에는 불안하고 위험이 따른다. 그러나 변화는 인류의 보편적 모습이며 인류 역사의 발전 축이었다. 새로운 틀이 안정적인 순간에도 다음 변화는 끊임없이 이어져 왔다.

10년이면 강산이 변한다는 말이 있다. 강산은 하루 만에 변하지 않지만 오랜 시간 작은 과정을 통해서 오랜 시간을 비교하면 변한다는 것이다. 우리 눈에는 작은 변화가 없으나 시간은 흐르고 어느 시점에 변화는 이어져 왔다. 작은 변화라도 많은 사람이 좋아하면 언젠가 큰 틀까지 움직이게 되기에 작은 변화도 멋진 시도이다. ICT 부서에서 볼 때 작은 코멘트 하나, 프로그램 프로세스 한 줄, 컴퓨터의 OS 패치 하나를 더 바꾸는 것도 한 단계를 거쳐 언젠가는 큰 변화로 이어질 것이다.

변화, 틀 밖으로 시선 돌리는 용기

KAIST 최초의 정보보안장비(침입방지시스템 IPS- intrusion prevention system)를 도입하려던 시기가 있었다. 그런데 다른 IT 장비와 통합하여 행정 프로세스를 진행하다 보니 전체 도입비용이 상승하여 총장승인까지 받아야 했다.

당시 외국인 총장은 침입 IPS의 침입 방지"prevention"

단어에 의문을 표하며 "cancel" 하셔서 나와 팀장이 다시 찾아갔다. 시스템 기능 설명을 통역을 통해서 하는데 여전히 도입에 부정적이었다. 필요성에 대한 설명을 더 하자, "파이어"라는 말을 하였다. 외국인 총장은 IPS가 사이버 공격을 모두 막는다면 IPS를 구매하고 우리를 자르겠다는 것이었다. 다른 의미로 사이버 침해 대응하는 직원이 필요하면 주겠다는 이야기이긴 한데. 그 자리에서 바로 Follow하고 돌아왔다. 즉시 다른 대안과 방법을 찾아보았다.

훗날 팀에서 할 수 있는 범위 내에서 구매하였는데 그 IPS 보안장비가 지금은 기관이나 학교에 모두 들어가 있는 필수 보안장비가 되었다. IPS로 모든 침해를 막을 수는 없지만, IPS 장비를 통해 사람이 관제(Security Monitoring and Control, 管制) 운영하고 분석하며 당시보다 많은 사이버 침해를 막을 수 있게 되었다. '틀은 고정적이지 않고 유동적이며 늘 새로운 틀로 진화한다'

나. 옆에서 다가서며 Fellow

소통에는 여러 가지 형태의 방법이 있다. 부모가 자녀를 볼 때 자녀 입장에서 이해해야 할 때가 있듯, 팀장은 팀원과 같은 입장에서 수평적인 Fellow형 리더십으로 상대방을 대할 필요가 있다.

우선 팀장은 상대방보다도 더 부지런해야 하고 적극적인 자세를 가져야 한다. 작은 일이라도 완수했을 때 긍정적이고 즉각적인 반응을, 가까이 있고 늘 보는 사람에게 작은 일에도 고마움을, 출퇴근 시간에 반가운 인사로, 차 한 잔을 나눴을 때도 감사의 말로 Fellow형 관계를 시도 해보면 좋은 다가서기가 될 것이다.

우리 팀 아침 사무실은 조용하다. 시스템에 장애가 생기거나 민원이 많을 때 왁자지껄 한 분위기도 있지만 대부분 출근하자마자 담당하는 시스템과 불편신고 게시판, 메일을 체크하고 문서를 체크하기 위해 수십 분 혹은 한 시간 이상을 PC를 뚫어지게 보고 있다.

그래서 출근할 때 간단한 아침 인사를 한 후 어느 정도 체크 시간이 지나고 난 후 옆자리에 다가서서 대화를 나누려고 노력한다. 업무에 구애받지 않는 짧은 대화 역시 다양한 소통의 하나라고 볼 수 있다.

다양한 형태의 시도는 시간과 방법에 구애받지 않고 '제자리', '칸막이 넘어 자리', '차와 커피 마시는 자리', '식사 자리' 등 어디든 다가서기를 할 수 있어야 한다.

동조 야근이 없어진 어느 저녁때이었다. 우연히 지나다 사무실에 불이 켜져 있어 확인차 들어가 보니 밤늦게 홀로 남아 일하고 있는 동료가 있었다. 어떤 업무로 밤늦게 일하는지 자세하게 모르지만 아무도 없는 사무실에서 PC와 씨름을 하고 있었고 무척 피곤해 보였다. 다가가서 인사하고 수고한다는 말과 함께 야근하는 사정에 대해 이야기를 들어주기만 했는데도 그 동료는 피로함이 눈녹듯이 사라지고 지루한 야근에도 힘을 내는 모습을 보았다.

이렇듯 팀원 중에는 굵직하고 성과가 보이는 업무도 있는 반면에 단순하지만 지루한 업무가 있을 수 있다. 같은 부서에 오래 근무하다 보니 대부분 일의 양과 질을 파악하고 있으나 가끔 미처 파악하지 못하거나 무심코 지나치는 경우가 있다. 작고 단순한 업무라도 그 일을 하는 과정을 잘 보고 작은 수고에도 칭찬과 격려를 해주어야 한다.

일하다 보면 공적이든 사적이든 잘못이 누구든 있을 수 있는데 그 과정을 보면 대부분 이해가 되고 공감이 가는 경우가 있다. 때로는 본의 아니게 내가 잘 못 하거나 몰라서 문제가 생길 수도 있다. 경험상 솔직하게 말하는 것이 좋은 방법이다. 감사나 평가에도 있는 그대로 대하고 결과에 대해서는 공유해서 사전에 알려주고 양해를 구하는 것이 낫다.

부서장으로 책임질 일에는 잘못을 인정하고 그 결과를 받아들이는 것이 책임을 미루고 회피하는 경우보다 더 나쁘지 않다는 결과를 받았다.

다. 같은 방향을 보며 Fellow

학교의 업무 개선이나 행정선진화, 행정개선은 누군가가 리더십을 발휘해서 이끌어 가는 경우가 대부분이다. 리더 외에는 대부분 수동적으로 이끌려 동행한다. 그러다 보니 좀처럼 좋은 결과를 기대할 수 없다. 결과가 어떻든 동의받기도 쉽지 않다. 수평적 Fellow형 리더십이 요구되는 이유다.

혁신을 위해 같이 행동하게 되는 실마리는 간단하다. 공감과 동감이다. 어느 누가 보더라도 가치가 있을 때 공감의 혁신 열차는 출발할 수 있다. 팀장은 팀원과 같은 목표를 세우고 같은 방향으로 나아가야 좋다. 목표 인식과 실천하려는 마음이 같다면 더 좋은 성과를 이룰 수 있다.

Fellow형 리더는 현 상황과 나아갈 길을 설명하고 도움을 준다. 백지장을 한 사람이 들고 가는 것보다 같이 들고 헤쳐 간다면 어떤 일이든 술술 풀어나갈 수 있다. 종종 수평적 Fellow형 관계에서 의견이나 방향을 두고 사안마다 충돌할 때가 있다. 같은 사안인데도 바라보는 생각과 행동이 다르기 때문이다.

성향과 성장 환경을 들여다보자. 주위의 관계 즉, 아는 사람들의 지연, 학연, 혈연, 성향 등 면면이 다름에 기인한다.

공동책임이지만 결국은 팀장 몫

같이 보기를 실천해 보면 좋겠다. 팀의 목표는 명확히 해 두고 새로운 목표가 있을 때는 계획수립 단계에서 같이 바라보자. 업무나 사업을 시작하기 전에 처음 기획단계에서 관련 직원에게 진솔하고 정확하게 설명하고 최소한의 동의를 구하도록 하자. 같이 바라보기가 되면 하는 일은 어렵더라도 쉽게 풀어갈 수 있다.

팀장은 어쩌면 업무의 세세한 부분까지는 알지 못한다. 팀원의 동일체 행동을 믿고 같이 움직여야 한다. 성공적인 결과는 업무의 질과 양의 문제가 아니라 같이 계획하고 실천하는데 달려있다. 때로는 과정이나 결과의 오판으로 실수가 있을 수도 있다. 구성원의 공동책임이기도 하지만 팀장은 더 큰 책임의식을 가져야 한다. 수평적 Fellow형 관계에서 같은 목표를 세우더라도 팀장은 Follow형 리더이기도 하다.

3. 중용의 Follow형 리더십

공존하며 살아가는 동안에는 수평적인 관계와 수직적
인 관계는 늘 존재한다. 그리고 두 관계를 공식화 해보면
Follow + Fellow = Follow(펫로우)이며 'F 관계도'를 보면
그 중심에는 내가 있다. 그리고 난 중심에 있지만 늘 중간은
아니고 다양한 Follow를 형성하고 있기도 하다.

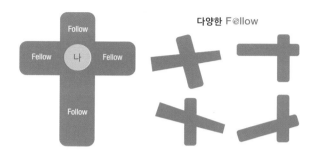

다양한 F@llow

"우주여 내 가슴에" 고등학교 때 윤리 선생님은 항상 이렇게 외치도록 하고 수업을 시작했다. 무슨 의미인지 모르고 외쳤지만 지금 생각해보니 내가 우주의 중심이고 내가 없으면 세상도 없다. 내가 곧 우주이며 존귀한 존재라서 자존감을 가지고 우주의 질서를 따르고 같이 행동해야 한다는 뜻으로 이해가 된다.

"우주여 내 가슴에" 그 의미는

우리가 사는 지구조차도 우주에서 너무나 작은 존재인데 지구 안의 나와 상사, 동료의 존재는 너무나 초라한 존재라고 할 수 있다. 그러함에도 우리는 존재하고 존귀하다. 그리고 나는 많은 또 다른 우주에 둘러싸여 Fellow하고 있다. Fellow는 우주의 질서(Cosmos)에 따르지만, 한편으로는 그렇지 않을 때도 있다. 우주의 또 다른 불규칙적인 질서(Chaos)와 '나비효과(Butterfly Effect)'와 같은 많은 변화와 복잡한 관계를 갖게 된다.

'F 관계도'에서 나는 다양한 관계에 따라 수직적 관계의 아래에 있을 수도 있고 위에 있을 수도 있으며 상황에 따라 상하에 변동이 있다. 수평적 관계에서는 기울기도 다르고 한쪽으로 치우쳐 있을 수도 있다. 중간에서 균형을 잡아 평형을 유지하는 것이 중요하다.

가. 있는 그대로를 보기

세상의 중심은 나다. 천상천하 유아독존이라고도 한다.

"하늘 위와 하늘 아래에서 오직 내가 홀로 존귀하다."는 의미이다. 세상에서 나란 존재는 존귀하고 존엄한 존재라서 자존감을 가지라는 말로도 이해된다. 목표는 스스로 깨닫고 노력해서 최고의 진리를 깨닫는 데 있다.

나의 존재를 깨닫기 위해서 가장 중요한 것은 '있는 그대로' 보는 것이다. 사물을 보든, 사람을 보든, 환경을 보든, 소속된 부서를 보든, 있는 그대로 본다는 것은 쉽지 않은 일이다. 무심하지 않도록 관심은 가지되 듣거나 보이는 존재를 바꾸거나 움직이게 하지 않는 단계를 말한다.

KAIST에서 중용이라는 인문학 강의를 들었다. 유익한 내용이 있어 소개한다. 중용은 보통 과하거나 부족함이 없이 떳떳하며 한쪽으로 치우침이 없는 상태다. 모자람이 없이 도리에 맞는 것을 중(中), 평상적이고 불변적인 것을 용(庸)이라고 한다. 중용에서는 "리더(군자)는 때에 맞게 행동하고 그렇지 않은 자는 아무런 거리낌도 없는 짓을 한다."고 들려준다. 중용의 도에 대한 설명이다. 중요한 것은 때에 맞게 행동하는 것인데 때란 시간뿐 아니라 틀, 사람의 처지, 환경, 모든 사정 등을 전부 포함한다.

덮어 놓고 중간을 택하는 것이 아니라 알맞은 것을 택하라는 얘기다. 그런데 적당하고 알맞은 것이란 무엇인가? 중간을 택하면 되는 것인가? 과하거나 부족함, 과대와 과소는 어떻게 정하는가? 수직적 Follow 관계에서는 틀 안에 정했다고 할 수 있다. 그러나 중용에서 말하는 과함과 부족은 또 다른 의미다. 즉 있는 그대로를 보는 것이 '中'이다.

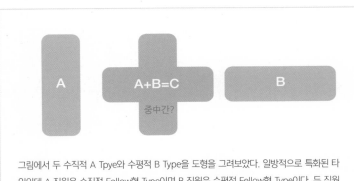

그림에서 두 수직적 A Tpye와 수평적 B Type을 도형을 그려보았다. 일방적으로 특화된 타입인데 A 직원은 수직적 Follow형 Type이며 B 직원은 수평적 Fellow형 Type이다. 두 직원은 전혀 다른 두 Type인데도 불구하고 두 Type의 중간은 C Type인데 일반적으로 C Type이 중용이라고 생각할 수 있다. 그러나 중용에서 말하는 '中'은 두 타입의 중간은 C Type이 아니다. A든 B든 A는 A이며 B는 B, 그대로 보면서 인정하며 이해하자는 것이다.

덮어 놓고 중간 택하는 게 중용이 아니다

두 직원의 상충된 의견이라도 딱 중간의 의견을 정하는 것이 아니라 알맞은 방향을 찾는 것이 중용이다. 그림에서 예로든 Type이 성격, 성향뿐만 아니라 의견, 환경, 이념, 종교관 등으로 대부분이 다르다 하더라도 그 다름을 인정하는 데에 있다. 큰 차이가 나지 않는다면 편한 것이고 큰 차이가 있다 하더라도 그대로 인정하자는 것이다.

여기서 A, B 모두 극단적으로 그렸으나 대부분 사람은 사실 C type 형태가 많다. C type에서는 여러 가지 형태가 있을 수 있고 다양한 Follow형 관계를 지니고 있다. 나 역시 중간에 존재하고 팀원과도 여러 형태의 관계를 지니고 있다. 상대방의 성격이나 습관을 있는 그대로 볼 필요가 있다. 소심한 성격, 활발한 성격, 강직한 성격, 부지런한 타입, 의자에 늘 앉아 있는 타입 등 지금껏 살아온 성격과 습관은 크게 바뀌지 않고 그렇다고 내가 사람을 바꿀 수도 없다.

리더는 여러 타입의 사람을 파악할 필요가 있다. 그 역할은 조직의 타입에 크게 어긋나지 않도록 조절하고 업무에 있어 어떤 타입이 어울릴지까지 조정하는 것이다. 부서의 상황이나 현황도 마찬가지다. 있는 그대로 알 필요가 있다. 부서 업무 중 잘못 또는 장비 장애로 서비스가 원활하지 않더라도 사용자들에게 있는 그대로를 투명하게 알려주는 것이 필요하다. 이것이 사용자들에게 서비스의 신뢰가 된다.

내·외부에 소개나 홍보를 할 때도 부풀리거나 줄이지 않고 있는 그대로를 알려주는 것이 결국에는 도움이 된다. 외부 평가를 받을 때도 가능한 현재 상황을 그대로 전달하는 것이 가장 현명한 방법이다. 잘못이 발견될 경우 더 큰 문제가 생길 수 있기 때문이다.

기대와 엄격히 다른 현실

어느 정도의 경험이 있는 상태에서 현업의 부서장이 됐을 때는 편하게 리더십을 발휘할 수 있다. 팀원으로서의 경험, 작은 리더로서의 경험을 쌓아서 더 크고 높은 리더가 된다.

연공서열이 어느 정도는 맞는 말이라고 생각한다.

현업이 아니라도 리더십은 경험이라는 준비가 필요하다. 위에서 뚝 떨어져서 부서장이 되거나 경험, 전문성이 없이 처음 맞은 리더는 한동안은 좌충우돌할 수밖에 없다. 물론 처음 리더가 되더라도 살아오며 다른 모임이나 조직에서 경험이 있다면 그나마 잘 소화할 수 있다. 그러나 Follow에 대한 경험이 부족할 경우는 어려움을 겪을 수 있다.

그래서 어릴 때부터 다양한 교육이 필요하다. 특히 철학적이고, 인문학적인 강의를 많이 듣고 다양한 종류의 책을 읽거나 동호회나 다양한 단체를 통해 체험과 직간접 경험이라도 하는 것이 좋다. 이것이 더 나은 Follow형 리더의 길을 걷는데 보탬이 될 것이다.

나. F점을 움직여 Follow

세상의 중심은 나이고 또 다른 중심과 중심의 관계에서

Follow 관계가 존재한다. 그 중심에 있는 관계지점을 F점으로 정해본다. F점은 환경에 따라 시간에 따라 장소에 따라 끊임없이 상대적으로 움직이는 변곡점이다. F점을 조절할 수 있어야 하고 F점을 움직여 평형을 유지하여야 한다. 어떻게 보면 F점은 생각이나 논리력, 사고력, 또는 감정이 움직이는 지점이다. F점에서 볼 때 여러 다양하고 상대적인 관계가 있다. 우리의 뇌는 논리력과 직감력, 이성적이거나 감성적으로 좌우가 나누어져 있으며 좌우 뇌를 이어주는 다리가 놓여 있어 통로 역할을 한다.

남녀도 차이가 날 수도 있으며 미성년과 성년 사이에도 다양하고 많은 형태의 Follow형이 존재하고 F점은 시간과 장소와 환경에 따라 달라진다. 크게 변하지 않은 Follow형 관계인 성향이나 성격이 있다면 한의학의 사상체질에 의해 알 수 있는 일반적인 방법이 있을 수 있겠고 인성검사나 성격 테스트 같은 통계에 의해 찾아볼 수 있다.

통계적이고 객관적인 테스트를 통해 Follow형 관계를 찾을 수도 있지만 대부분 많은 사람은 스스로 생각이나 직감

그리고 주위 사람과의 관계에서 움직이고 행동하게 된다. F점은 환경과 시간에 따라 순리적으로 크게 움직이지만, 일상적으로는 상대방의 F●llow형 관계에서 작고 빠르게 움직이기도 한다.

자신감 품고 나서 보라구!

F점을 찾을 때 충분한 능력이 있음에도 자신감과 신념으로 극대화한다면 F점을 올려서 찾을 수 있다. 반대로 그 능력에 의구심을 갖고 F점을 낮거나 불안정한 상태로 느낄 수도 있다. 따라서 자신감과 신념으로 주위 사람들과 소통을 통해 F점을 움직인다면 더 좋은 F●llow형 관계를 맺을 수 있다.

인간관계는 어렵다. 나에게 필요한 것은 사람과의 소통이며 소통에서 필요한 것은 공감이다. 나와 상대방의 F점을 움직이려면 대화와 행동으로 통한다. 통한다는 것은 소통을 말하며 소통은 상대방의 태도와 상황을 변화시킬 수 있다. 소통의 기본심성은 배려이고 소통에서 필요한 것은 공감이다. 그 사람이 무엇을 원하는지, 어떤 기분인지를 있는 그대로 본다면 이것이 바로 배려와 공감의 시작이고 소통이라 할 수 있겠다.

F점 찾기에는 건강 검진 등을 통해 나의 몸 상태를 찾아서 알아 두는 것도 포함한다. 태어나면서 체질적인 요인도 있고 일을 하다가 생기거나 시간이 가서 생기는 후천적인 요인도 있다. 혹시 있는 불안한 F점의 이동을 위해서는 음식조절, 충분한 수면, 운동과 수련 등을 통해 내 몸을 아끼고 보살핀다. 옆 동료의 상태도 알아 둘 필요가 있다. 타인의 건강을 염려해 주고 가능하면 도와준다.

나는 논리적인 리더인가? 아니면 직감적인 리더인가? 사회는 논리적인 사람을 선호하고 그들이 대부분 실력을 발휘한다. 나의 F점 찾기는 어떤 리더십을 지향하는가를 돌아볼 필요가 있다. 좌뇌에서 논리력과 언어처리능력을 우뇌에서 직감력과 창조적인 능력을 담당한다. 둘 사이에 좌우 뇌를 이어주는 다리가 있어 한쪽으로 치우치지 않게 서로 통신을 한다.

　이처럼 F⊚llow형 리더십은 Follow와 Fellow 사이에서 활발하게 움직이고 어떤 때는 정점으로 유지하기도 한다. 어떤 사안에 논리가 떨어질 경우가 있다. 논리로 풀려고 하면 어려울 때가 있다. 이럴 때는 직감력으로 결정하자. 직감은 더욱 많은 가능성을 볼 수 있는 능력이다. 직감이 논리보다 더 맞는 경우가 많다는 것을 그때가 지나고 나면 많이 느낄 수 있다. 직감은 논리와 소통하여 생기는 능력이다.

　나는 회의에 들어가면 짧게 하려고 노력한다. 회의가 길게 늘어지면 지루하고 명확한 회의가 되지 않는다. 회의는 토론을 위한 회의가 있고 결정을 위한 회의가 있고 복합적인 회의가 있다. 토론을 위한 회의는 서로가 준비해서 시간에 구애받지 않고 하지만, 결정을 위한 회의는 가능한 간결한 준비와 시간을 짧게 하는 것이 좋다. 또한, 직감력으로 상황을 잘 파악하여 조화롭게 진행한다.

다. 밸런스를 유지하며 Follow

수직적인 관계에서 F점은 처음에는 상승하게 되나 언젠가는 하향하게 되는 게 인생 이치이다. 큰 틀에서 수직적인 관계는 시간에 변화한다. F점을 움직여야 하는 이유는 균형을 맞춰서 주위 환경이나 사람과의 관계를 안정시키고 Follow 관계를 평형 되게 하는 것이 가장 큰 이유 것이다. 능동적으로 균형을 유지하기 위해서는 수양, 인내, 존중, 공감, 소통, 배려 같은 정서적인 마음가짐과 수련을 통한 각성이 필요하다.

공감 소통의 매력은 균형감각

나라는 존재는 늘 좋은 점만 있는 것이 아니다. 불안하기도 하고 걱정도 하고 틀어지기도 하고 불만과 고통도 있을 수 있다. 이 모든 것이 내 안에 있으며 내 안에서 만들어지고 존재한다.

감정이나 불안정한 상태라도 마음 수양, 자존감 회복이나 신체 수련에 따라 F점을 움직여 상대방과의 관계에서 균형을 지키도록 노력한다. 자기의 행동과 감정을 알지 못하거나 자기중심적인 사람은 F점 찾기와 균형 조정이 안 되는 경우가 있다. 자신의 기분과 감정을 있는 그대로 잘 아는 사람일수록 F점이 유연하여 깨달음도 빨라 능동적으로 균형을 조정하고 유지할 수 있다.

균형을 조정하기 위한 몇 가지 사례이다. 한 번쯤은 응용해볼 것으로 권한다

① 상대에게 부정적인 의견을 내야 할 경우, 부정적인 말보다 F점을 이동시켜 긍정적이고 상대방에게 칭찬하는 말도 같이 하면 균형을 유지하고 공감하면서 더 좋은 소통을 할 수가 있다.

② 새로운 기술과 변화가 있다면 주저하지 않고 틀을 바꿔보자. 다만, 새로움은 늘 허술하고 완전치가 않으며 기존의 틀에 금방 맞지 않는 경우가 많다.

③ F점을 정할 때 흔들리지 않게 중심을 잘 잡자. 나를 중심으로 팀원이 상대적인 중심에 있고, 나와 팀원은 상위부서장의 중심으로 균형을 유지하고 있다. 따라서 F점의 급속하거나 잦은 변화는 좋지 않은 영향을 주므로 신중해야 한다.

④ 균형 조정 방법은 첫째는 공감, 둘째는 소통이다. 소통은 팀원들의 말과 의견을 듣고 내 생각과 의견을 나누는 것이다. 강한 의견은 나를 내어주고 소극적 의견과 말은 잘 들어준다. 수직적이든 수평적이든 리더는 그 중간에서 움직여 균형을 잡고 조정하고 때로는 의견에 따르면서 Follow한다.

⑤ 퇴근 후 동호회 운동이나 헬스장, 수영장에서 운동하면 기분이 상쾌해진다. 운동은 스트레스 관리에 필수인 동시에 마음을 조절하고 편안하게 해주는 F점 균형 조절과 유지에 많은 역할을 한다.

⑥ 팀원이나 다른 부서와 의견이 맞지 않거나 충돌이 생길 수 있다. 다른 부서의 상황이야 이해되지만 내 부서는 정리가 어려운 상황이어서 공감 소통하면서도 피할 수 없는 경우다. 이때 자신의 정서와 현실을 있는 그대로 받아들여 보자. 호흡을 크게 해 보고 생각을 가라앉히는 노력을 할 때 나의 인내심이 유지되고 이후 시간이 만들어내는 기억의 원심력으로 F점은 점차 움직이게 된다.

⑦ 사람이나 부서 간의 Follow형 관계에서 의리와 약속을 지키는 것은 균형을 더 공고히 하고 유지하기 위한 심리 조절법이다. 약속을 지키지 않는다면 균형이 기울거나 낮아질 것이다. 반대로 자신을 낮추는 겸양과 행동은 상대방에게 Follow 관계를 긍정적으로 만들고 F점을 올려 안정적인 관계를 유지하게 한다.

KAIST 팀장들의 리더십 제안

Chapter 8

KAIST 팀장들의 리더십 제안

01. 갈등을 축복하라

방 진 섭

원인이 뭘까 고민하다 보면

어느새 기회의 문 활짝

    사람 사이의 갈등은 필연적이다. 우리의 생김새가 모두 다르듯이 생각과 가치관도 모두 다르다. 그러나 우리는 그 다름을 때로는 망각하며 살아간다. 부부간에도, 부모와 자식

간에도, 친구 간에도 표면적으로는 평온하다고 할지라도 내면적으로는 갈등이 있게 마련이다.

특히 사회적 목적에 따라 만들어진 조직에서 관계가 형성되는 직장 생활에서 피할 수 없는 것이 구성원 간의 갈등 관계다. 최근에는 민주적인 사고의 성숙과 사회적인 인권의식의 신장으로 수면 아래에 잠재된 갈등이 수면 위로 떠 오르는 경우가 많아지고 있다. 일명 '꼰대'라는 표현으로 자기중심적이고 권위주의적인 상사와 선배를 비꼬기도 한다. 정부에서는 법정 의무교육이라고 하여 성희롱 예방 교육, 개인정보보호 교육, 장애인 인식개선 교육, 괴롭힘 등에 대한 직장 내 교육을 요구한다. 모두 갈등과 관계가 있다.

리더는 조직 내의 수많은 갈등과 마주하게 된다. 부서원 간의 갈등에서부터 부서 간의 갈등을 넘어 조직 전체의 갈등 상황까지 다양하다. 우리는 갈등이 없어야 한다고 생각하고 갈등을 없애기 위해 노력해야 한다고 이야기한다. 그러나 갈등은 없애는 것이 아니고, 없게 만들 수도 없다. 갈등은 사람이 누군가와 함께 살아가야 하는 현실에서는 불가피하다. 조직이라는 것이 사람들이 모여서 구성되고 운영되는 이상 갈등은 우리 옆에 항상 자리한다.

리더는 갈등이 건강하게 유지될 수 있도록 적절하게 관리하여야 한다. 그리고 갈등을 잘 활용하여 구성원의 불만과 내면의 생각을 끄집어내야 한다. 표면화된 불만과 갈등의 내면에는 표면화되지 않은 근본 원인이 담겨있다. 겉으로 드러난 갈등에만 치중하다 보면 아무리 노력해도 갈등을 조절하기가 쉽지 않다. 내면의 근본 원인을 알고 이해하고 공감하며 보듬어 주다 보면 건강한 갈등 관계로 바뀌어 갈 수 있다.

리더는 갈등을 기회로 활용할 줄 알아야 한다. 갈등은 조직의 위기이기도 하지만, 또 다른 기회이기도 하다. 리더로서의 시험대에 오른 것이다. 업무능력도 좋고 관계능력도 좋은 직원들과 팀을 함께 하는 것은 모든 팀장이 바라는 바람직한 팀 구성이다. 그러나 현실에서는 그러한 이상적인 팀은 없기도 하지만, 그렇게 구성된 팀에는 팀장의 역할이 필요 없다.

팀장은 갈등을 통해 리더의 역할을 고민하고 성찰하면서

진정한 리더로 성장하고 발전하게 된다.

부서 내에 갈등이 표출되면 누구나 당혹스럽고 난감하다. 객관적으로 누구의 잘잘못을 일일이 따지는 것이 마땅치가 않다. 그렇다고 갈등을 회피하고 외면할 수도 없다. 당연히 고민이 깊어지고 시련이 시작된다. 피할 수만 있다면 도망이라도 가고 싶은 심정이 된다. 하필이면 왜 우리 부서에 그리고 나에게 이러한 시련이 생기는지 내가 아닌 다른 무언가를 원인으로 삼고자 한다. 팀원을 탓하고 인사부서를 탓한다.

리더는 갈등의 원인을 나로부터 찾아야 한다. 나의 리더십에 문제가 없는지를 되돌아보아야 한다. 직원이 문제가 아니라 왜 직원이 그렇게 생각하고 행동하는지를 나의 리더십 관점에서 살펴보라.

그렇게 끊임없이 자신으로부터 원인을 찾고 답을 찾다 보면 분명히 어느 순간에 나만의 리더십이 정립됨을 느끼게 될 것이다. 갈등을 기회로 자기성찰을 하라. 어차피 갈등을 피할 수가 없다면 함께 친구가 되고 동행하라. 갈등을 자기를 단련하고 리더십의 지혜를 축적하는 축복으로 생각하자.

02. Leadership? No, Readership? YES

이동형

눈치 볼 거 뭐 있어?

툭 치고 들어가는 열린 대화가 활명수

나는 종종 이런 우스갯소리를 한다. "한 끼를 먹더라도 인간답게 먹고 싶다."라고. 공식적인 자리에서 회의가 끝나고 제공되는 음식을 먹을라치면 여간 불편한 것이 아니다. 제공되는 스테이크가 10만 원에 육박할지라도 그렇다. 자리가 불편해지니 맛을 제대로 느낄 수도 없다. 해장국집에서 맘 편하게 친구들과 떠벌리며 먹는 국밥이 최고다. 상견례 하는 자리, 맞선보는 자리, 신년 하례회 자리 등등 왠지 마음이 무거워지고 불편해진다. 그 자리에서 빨리 벗어나고 싶어진다.

왜 그럴까? 주제가 무거워서 그런 걸까? 아니다. 이유는 간단하다. 함께 자리하는 사람들을 잘 모르거나 처음 보는 사람들이기 때문이다. 나는 동창회에 자주 참석한다. 특히, 초등학교 동창회는 더 애착이 간다. 시골에서 초등학교에 다녔기에 초등학교 친구들의 집이 어디에 있는지 형제자매가 어떻게 되는지 속속들이 꿰뚫고 있다. 상황이 이러니 그 친구들을 잘 안다는 것은 두말할 필요도 없다. 그래서 그런지, 일 년에 한두 번 밖에 못 보는 친구들이지만 만나면 그렇게 편안할 수가 없다.

모든 모임이나 자리가 그렇더라. 마음이 불편하면 몸이 들쑤시게 되고 빨리 그 상황에서 벗어나고 싶어진다. 그런데, 직장은 어떠한가? 애석하게도 벗어나고 싶어도 벗어날 수가 없다. 절이 싫으면 중이 떠나야 하지만, 중이 떠날 수 없으니 절을 바꾸는 수밖에. 그렇다. 조직을 바꿔보자.

처음엔 팀 분위기부터 바꿔보자. 팀원들은 팀장 눈치를 보느라 쭈뼛쭈뼛할 수밖에 없다. 팀장이 나서자. 뭐 대단한 거 없다. 그냥 이런저런 이야기를 팀원에게 툭툭 던지며 다니자. 실없이 보일 수도 있다. 하지만, 한번 두번 하루 이틀 하다 보면 자연스럽게 대화가 이루어진다. 그리곤 이내 팀장과 팀원 간에 '편안한 대화'가 오가게 되고, 말이 매끄럽게 이어지며 서로를 알게 된다. 그럼 된 거다.

앞에서 이야기한 팀장들의 리더십은 다 필요가 없어진다. 팀장과 팀원 간에 열린 대화는 어떠한 상황도 어떠한 어려움도 모두 소화할 수 있는 활명수가 된다. 어느 일방이 상대방을 끌고 가는 Leadership이 아니고, 상대방을 서로 알고 헤아리는 Readership이 필요한 이유다.

우리는 하루 중 대부분을 회사에서 보내고 있다. 눈 떠 있는 시간만 셈을 하면 더욱더 그러하다. 상황이 이럴진대, '일로 만난 사이'지만, 일로 끝내서야 하겠는가? '♬♪네가 나를 모르는데 난들 너를 알겠느냐? ♬ ♪'라는 유행가 가사가 있다. 이러면 안 된다. 서로의 마음을 알아가고 친근함을 느끼는 것이 필요하다. 내가 마음을 연 만큼은 팀원은 나를 알게 되고, 그 안으로 팀원의 마음이 들어온다. 그리곤 따뜻하게 결속된다.

책을 읽으면 생각이 깊어지듯, 직장동료에게 다가가 그의 마음을 읽고 서로 알게 되면, 내 삶의 폭도 넓어지고 그 깊이 또한 보이지 않게 된다. 그렇다. 이제는 Readership이다.

03. Forte(성격 유형검사)로
향상시키는 관계의 힘

마 세 영

더러 충돌도 있겠지만

'특별한 서로'가 살며 진일보하는 게 세상

사람들은 자기 자신에 대해서 잘 알고 있다고 생각을 하지
만 그렇지 않은 경우가 많다. 자신이 어떤 사람인지, 무엇을

원하고 있는지, 어떻게 살고 싶은지를 깊이 생각하지 못하고 알지 못한 상태에서 우리는 직장과 사회에 나를 맞추며 살아가기 바쁘다. 한 번쯤 우리 자신을 탐구해보는 것이 필요하다. MBTI, 에니어그램, 홀랜드, DISC 등등 많은 성격유형 검사를 통해 자신을 조금씩 알아갈 수 있다.

이러한 성격유형 검사를 혼자만이 아니라 부서원들과 함께 받아보는 것도 좋다. 우리는 조직체에서 함께 생활하고 있기에 나 자신뿐만 아니라 다른 사람을 알고 나와 어떻게 다른지를 이해하는 것이 중요하다. 성격유형 검사를 통해 직간접적으로나마 나와 상대를 알고, 깊이 있게 이해하고 공감할 수 있다.

Forte 검사를 통해서 지금까지 알지 못한 또 다른 자신을 만날 수도 있다. 이 검사는 기본성향과 어떤 방향으로 자신이 노력하고 있는지 그리고 기본성향과 적응유형을 종합하여 다른 사람들에게 어떻게 인식되고 있는지 알려준다. 그리고 각각의 구성원들끼리 어떻게 하면 가장 효율적으로 소통할 수 있는지 리포트 해준다.

이전에 나는 MBTI 검사를 통해서 나 자신이 대인관계에서 많은 에너지를 쓰기 때문에 혼자만의 충전시간이 필요하다는 조언을 받았다. 그것은 나 자신을 챙기고 더 나아가 사람들과의 관계 형성 및 소통에도 많은 도움을 주었다.

Forte 검사에서 나의 기본유형은 주도형·혁신형으로 야망 있고 경쟁심도 가지고 있다는 것을 발견했다. 세심하지 못하고 밀어붙이는 성격을 가지고 있는 것과 더불어 다른 사람들이 나를 어떤 부분에서 배려해 주고 참아주고 있었는지도 알게 되었다.

다른 사람들은 나와는 매우 다르고 그에 적합한 다른 방식으로 커뮤니케이션을 하는 것이 서로에게 좋은 방향으로, 힘이 되는 관계로 발전할 수 있다는 것도 깨달았다. 서로 다르기에 갈등과 충돌도 생기지만 동시에 그 때문에 변화와 발전도 가능한 것이며 각각의 특별한 우리가 모여 이렇게 진일보 하면서 사는 것이다.

04. 긍정의 스피커가 되어라

방 진 섭

"그 친구 적극적이야"

격려 한마디가 결정적인 응원가

조직 생활을 하다 보면 우리는 전혀 함께 일해보지도 않은 직원에 대한 평판을 듣게 된다. 동료들과 이야기 나누는 과정이나 술자리 등에서 누군가를 평가하고 판단한다. 같이 일한 적도 없는데 어느 순간에 누군가에 대한 선입견과 편견이 나에게 들어와 있다. 함께 일한 적도 없는데 누군가로부터 좋은 평판을 받는 직원을 만나게 되면 왠지 모르게 친근함이 느껴진다. 반대로 좋지 않은 평판을 받는 직원을 만나면 왠지 모르게 불편함이 느껴진다.

다르게 생각해보면 나도 누군가에 의해 평가를 받고 있고 그 평가가 또 다른 누군가에게 전달되면서 연쇄반응을 일으키고 있다는 것을 의미한다. 나하고 직접 일해 본 적도 없는 동료가 이미 나를 평가하는 것이다. 참으로 당혹스럽지 않을 수 없다. 나도 모르는 사이에 나에 대한 선입견과 편견이 동료들에게 생겨 있는 것이다. 그럼 왜 이런 현상이 발생하는 것일까? 나와 함께 일하고 있는 동료나 업무적으로 연결된 동료들을 통해 나에 대한 평가가 이루어지고 다양한 경로를 통해 전파되는 것이다.

인사이동 시즌이 되면 이러한 평판에 정점을 찍는다. 평소에 평판이 좋지 않은 직원들은 관심의 대상이 된다. '누구는 어디로 간다더라'부터 '어디에서 반대가 심하다고 하더라' 등

등 별의별 소문이 난무한다. 인사이동이 난 이후에는 평판이 좋지 않은 직원을 배치받은 부서의 동료들에게 다른 직원들이 걱정을 함께 해주는 눈물겨운(?) 동료애를 발휘한다. '너희 부서 안 됐다.', '괜찮냐?' 등등

한번 동료들로부터 낙인찍히게 되면 헤어나오기가 쉽지 않다. 같이 일해보지도 않았는데 나는 이미 '어떤 사람'이라고 알려져 있다. 한마디라도 서로 이야기를 나누어보고 잠깐이라도 함께 일해본 사람이 그렇게 이야기한다면 억울하지라도 않을 것이다. 우리 모두 자기를 되돌아보아야 한다. 나는 동료를 다른 누군가에게 어떻게 이야기하고 있는가! 나도 가해자이기도 하면서도 피해자가 될 수 있다는 것을 명심해야 한다.

리더는 직원들을 위한 스피커가 되어야 한다. 그냥 스피커가 아니라 긍정의 스피커가 되어야 한다. 특히, 동료들에게 평판이 좋지 않은 직원에게는 더욱 그래야 한다. 의도적으로라도 긍정의 스피커가 되어라. 무심코 누군가를 평가하는 말이 천리마가 되어 조직에 퍼진다는 사실을 인식하라. 별것이

아니라고 가볍게 여기는 것은 '무심코 연못에 던진 돌멩이에 개구리가 맞아 죽을 수도 있다'는 사실을 간과하는 것과 같다.

리더는 직원들에게도 서로를 향한 긍정의 스피커가 되도록 유도해야 한다. 함께 일하는 동료의 한마디가 생각지 못하는 엄청난 영향력을 발휘하게 됨을 인식시켜야 한다. 상대에 대한 부정적인 표현을 최소화하고 긍정적인 표현으로 응원하고 격려토록 하자. '응~ 그 친구 우리가 알던 것하고는 전혀 달라', '그 친구 일도 잘하고 배려심도 좋아', '그 친구 적극적이고 괜찮아', '누가 그동안 그 친구를 안 좋게 평가했는지 이해할 수가 없네' 등등.

리더가 말하는 한마디의 칭찬과 동료가 말하는 한마디의 긍정적인 평가가 사람을 바꿀 수 있다. 긍정의 한마디는 거대한 힘이 되고 에너지가 되어 동료들의 부정적인 인식을 변화시킬 것이다. 그리고 이러한 힘이 퍼지고 퍼지면서 조직사회에 서로를 배려하고 응원하고 격려하는 문화가 된다. 이것이 리더가 긍정의 스피커가 되어야만 하는 이유이다.

05. 맞을 비는 맞고 소나기는 피하자

손형탁

아무리 소신이 옳아도

균형 잃으면 쓰러지는 건 만고의 진리

① 팀장에게는 권한과 책임은 있는 대신 존재감이 없는 경우가 많다. 중간관리자여서 그렇고 수직적 Follow형 관계라 그렇다. 존재감이 떨어지는 까닭은 무얼까? 무관심 때문이

다. 관심받지 못하는데 조정하고 균형을 잡아가기란 쉽지 않다. 자칫 빛 좋은 개살구가 될 수도 있다.

팀장의 소신을 무기로 옳다고 주장할 수 있다. 다만, 수직적 관계에서 벗어나 버리면 스스로가 어려워질 수 있다. 팀원들의 의견을 고루 듣고 있는가? 그리고 그 경청의 방법은 과연 맞는 것인가? 더러 개인 또는 다른 연(緣)의 이익과 권익에 따라 움직이지는 않는지 되돌아보는 것이 현명한 일이다. 나의 소신이 옳다고 해도 균형을 잃으면 쓰러지게 되어 있다. 맞을 비는 맞으며 나아가더라도 강한 소나기는 일단 피하라.

② 상사를 어떻게 리드할 것인가의 문제는 언제나 난해하다. 상사에 대한 리드의 기본은 Follow인데 어떤 때는 수직적 관계에서도 Follow가 쉽게 되지 않으니 리더십 발휘는 만만치 않다. 상사보다 더 큰 수직적인 틀이 있다면 가능하고 설득할 수가 있겠으나 여의치 못하다. 그럴 때는 내 권한이라 하더라도 리더십은 제한되기도 한다. 그대로를 보고 설득과 협치의 방편은 없을까? 그러나 상사 역시 리더이므로 그

가 우리를 어떻게 리드해야 하는지를 F◉llow형 관계를 통해 잘 알고 있다.

꼭 필요한 업무이고 조직에 적당한 일임에도 불구하고 상사의 동의를 못 받는 상황에서는 소신을 내세워 일을 진행하기가 쉽지가 않다. 이런 경우 대부분 수직적 Follow 관계에서는 순응하거나 지시를 이행한다. 그러나 때로는 타협이나 순응도 되지 않은 때가 있다. 이때는 팀의 능력 안에서 시작하거나 다른 대안을 찾아보는 것이 방법이다.

③ 의욕은 직장 내에 힘이 되고 에너지를 준다. 의욕은 목표를 성취하게 해주는 원동력이다. 과도하지 않다면 말이다. 리더의 의욕이 지나치면 잘못된 길로 흐를 수 있다. 권한 남용으로 치달아 독단의 늪으로 빠질 수도 있다. 특히 나이가 많고 경험이 많거나 상위 리더일수록 할 수 있는 일의 규모가 크고 방대하므로 의욕이 탄력을 받을 때 더 조심해야 한다.

독단으로 이뤄진 잘못된 판단으로 이미 시행한 일을 되돌리기는 어렵다. 시위를 떠난 화살이기에 그렇다. 자존심도

거든다. 뻔히 알면서도 스스로 내린 판단을 제어하거나 되돌리려면 몇 배의 힘이 필요하다.

다시 시작하기 쉽지 않았을 때는 발길을 멈추고 다시 들어라. 주위 사람들과 터놓고 얘기해 볼 필요가 충분하다. 더 늦기 전에 관련된 상대방의 얘기를 들으면서 상대적인 균형점을 찾아내야 옳다. 어쩌다 한번은 독단으로 목표에 성공한 경우라도 Follow형 리더십 관점에서 볼 때 좋은 과정과 방법은 결코 아니다. Follow형 리더십에 의한 의욕은 비를 맞아도 목표를 향해 나아가게 하는 원동력이다.

06. 스마트기기를 활용하라

박 상 환

녹음과 녹화를 동시에

필기용 앱으로 회의록 걱정 덜고

회의 끝부분에 "자~ 그럼, 다음 일정을 잡으시죠."라는
회의 진행자의 말이 떨어지기가 무섭게 회의에 참석한 모두
가 일제히 스마트폰을 꺼내 드는 모습은 익숙한 우리의 업무

일상이다.

하지만 아날로그와 디지털의 낀 세대가 대부분인 리더들이 스마트기기를 효율적으로 사용하기에는 어려운 점이 많다. 스마트기기 활용으로 업무와 가정생활의 균형을 저해한다는 주장도 있지만, 사용자가 어느 선까지 어떻게 사용하느냐에 따라 결과적 가치는 달라질 수 있다.

"한국 스마트폰 보유율 95%! 세계 1위"〈2019년 2월 6일 연합뉴스〉라는 기사에서 보듯이 개인의 의사와는 관계없이 이미 우리는 고도화된 스마트시대에 살고 있다. 4차 산업혁명 시대를 살아가는 리더들을 위하여 스마트기기를 업무에 활용하는 것은 이제 선택이 아니라 필수이다.

– 모든 일정과 To Do List는 **통합하여 관리하라**

요즘 탁상형 달력에 형형색색의 펜을 사용하여 일정 관리를 하시는 분은 없을 것이다. 대부분 스마트기기에 기본 앱으로 제공되는 일정과 To Do List 등으로 동기화하여 한곳에서 관리하면 중복된 일정을 잡는 실수를 하지 않고, 스마트폰 알림 기능을 사용하여 중요한 일을 미처 처리하지 못하는 낭패를 줄일 수 있다.

– 업무 추진사항을 효과적으로 정리하라.

업무가 어디까지 진행되었는지, 확인해야 할 사항은 무엇인지, 누구에게 업무를 전달했는지, 어떤 아이디어가 있는지 확인하기 어렵다면 상용화된 작업관리 앱을 사용해 보라. 마치 포스트잇을 붙이듯, 수첩에 기록하듯 업무 추진사항을 관리할 수 있다. 기기 연동이 기본 기능으로 적용되어 있어 언제 어디서나, 확인이 가능하다.

– 말로 힘들다면 이미지로 설명하라

현장에서 상황을 보면서 업무 전달을 해야 하는데 담당자와 함께 있지 못할 경우, 말(전화)이나 글(메일)로 설명하더라도 이해하기가 어려워 현장을 담당자와 함께 찾아야 하는 경우가 있다. 이럴 때, 사진에 간단하게 메모를 해서 문자나 메일로 보내면 담당자의 이해를 높일 수 있고, 다시 현장을 찾더라도 설명을 반복하는 시간을 절약할 수 있다.

– 회의록은 회의 중에 작성하라

리더들의 주요 업무 중 하나는 회의라고 할 정도로 많은 회의에 참석한다. 본인이 주관하여 진행하는 회의라면 회의록 작성이 또 하나의 부담이다. 필기용 앱을 사용하여 회의록을 회의 중에 작성하는 것은 어떨까? 녹음 기능을 켜고 회의를 진행하면서 동시에 회의록을 작성하면 회의록 일부가 이해되지 않더라도 걱정할 필요가 없다. 음성 녹음과 화면 녹화가 동시에 이루어지기 때문에 회의가 끝나고도 녹음한 음성 내용과 화면 녹화를 비교하며 회의내용을 정확히 확인하면서 회의록을 수정할 수 있다.

07. 판을 키워라

김 건 철

단합의 밥상에 전임자들 초대

"잊지 않았어요" 마음 전해

요즘은 시대환경이 변화하면서 직장에서 회식 자리가 많이 줄어들거나 아예 없어지기도 한다. 예전 직장문화의 향수를 기억하는 사람들은 이러한 변화가 낯설고 아쉽기도 하겠지만 시대 흐름이 이러할진 데 어찌하겠는가!

그러나 회식이 가지고 있는 긍정적인 힘도 있기에 아예 안 하기는 그렇다. 사무실에서 일상적인 업무에 서로 바쁘다 보면 소소한 삶과 일상을 주제로 편안하게 이야기를 나누기가 쉽지 않다. 업무적인 관계를 넘어 보다 서로를 이해하기 위해서는 회식 자리에서 최근 인기 드라마나 음악, 취미 등을 주제로 대화를 나누는 것도 필요하다.

직원들을 독려하고 단합을 위한 회식 자리를 마련할 때 나는 가끔은 연말 송년회 급으로 판을 키운다. 마치 즉흥적으로 하는 것 같지만, 사전에 계획하여 진행하곤 한다. 이때 가장 중요한 것은 대우를 받는다는 느낌이 최대한 들도록 배려한다는 것이다. 특히, 연배가 어린 후배직원들에게 더욱 그러하다.

판을 키울 때는 다른 부서로 이동한 직원들까지 초청한다. 전임자들을 배려하면서 현재 직원들에게 던지는 메시지 효과도 있다. 나도 이 부서를 떠나도 똑같은 배려를 받을 수 있다는 믿음 정도는 갖고 업무에 임하길 바라는 마음에서 하는 것이다. 한발 더 나아가서, 현재의 인연이 앞으로도 지속되는 것을 생각해서 서로 더 배려하길 바라는 마음도 깃들어 있다고 믿는다.

지금은 한 부서에서 함께 하지만, 언젠가는 전보 등으로 흩어지는 것은 조직 생활에서 피할 수 없는 숙명이다. 시간이 흐르고 과거를 회상하면서 어느 팀장과 어느 부서에서 자신이 존중받고 성장하고 발전했는지를 느끼게 된다. 이것이 별것 아닌 거라고 말할 수도 있지만, 나름대로 팀워크를 위해 아주 요긴하게 사용하는 나만의 방법이다. 활용해보시라.

초판 1쇄	2020년 04월 16일
2쇄	2020년 05월 01일
수정판 3쇄	2020년 05월 20일

지은이	방진섭 외 5명

발행인	이용우
디자인	끌림커뮤니케이션즈
책임편집	송인덕
마케팅	끌림커뮤니케이션즈

발행처	끌림커뮤니케이션즈
등록번호	제251-2016-000022호
주소	대전광역시 동구 대전천북로68
전화	042-486-8186
팩스	042-633-8186

가격	20,000원
ISBN	979-11-964941-6-2 CIP2020019200
CIP제어번호	이 도서의 국립중앙도서관 출판예정도서목록(CIP)은 서지정보유통지원시스템 홈페이지(http://seoji.nl.go.kr)와 국가자료공동목록시스템(http://www.nl.go.kr/kolisnet)에서 이용하실 수 있습니다.